MW01593446

Gracias amigos hermosos
Por Coincidir en mi presente.

MI DESPERTAR

Para unos Seres maravillosos

Susana y Fernando

Gracias por existir!
Ustedes Son amor en todo
Sentido me inspiran en
este Viaje de la Vida en
el cual aprendo y agradezco
cada día, un día cuando
yo Sea grande quiero ser
como ustedes...
Bendiciones por Siempre
La Eternidad nos une.

MI DESPERTAR

"No Son Ustedes, Yo Soy"

Betty Ibarra

Copyright © 2013 por Betty Ibarra.

Número de Control de la Biblioteca del Congreso de EE. UU.: 2012918928
ISBN: Tapa Dura   978-1-4633-4124-4
                 Tapa Blanda   978-1-4633-4125-1
                 Libro Electrónico   978-1-4633-4126-8

Este libro fue impreso en los Estados Unidos de América.

Fecha de revisión: 26/02/2013

Para realizar pedidos de este libro, contacte con:
Palibrio
1663 Liberty Drive
Suite 200
Bloomington, IN 47403
Gratis desde EE. UU. al 877.407.5847
Gratis desde México al 01.800.288.2243
Gratis desde España al 900.866.949
Desde otro país al +1.812.671.9757
Fax: 01.812.355.1576
ventas@palibrio.com
431551

Índice

Agradecimiento

En mi viaje y recorrido por la vida, agradezco las caídas, la fuerza y el valor de levantarme; el riesgo de disfrutar de todo y, al mismo tiempo, soltando todo, doy gracias por la sanación de mi corazón y por el perdón, que me permite evolucionar y trascender día a día. Yo soy agradecimiento: acepto y recibo totalmente mi presente y las grandes lecciones que acojo y aprendo.

Agradezco el hospedaje que mi corazón elige dar al amor que ya soy, y lo invito a alojarse eternamente en mí. Deseo para mí y para todo el planeta.

Hago un llamado a todo ser consciente: demos y recibamos amor, cooperando para facilitar a nuestra Madre Tierra la evolución colectiva, abriendo nuestras mentes, observando sin juicios, perjuicios ni creencias limitantes, perdonando un pasado que no existe. El pasado solo vive en el falso yo, el ego, y esto es una mentira, una ilusión, nada. Debemos ser conscientes de esto.

Enfocándonos apasionadamente en el agradecimiento del aquí y del ahora. Disfrutando cada momento, porque todo pasa. Cada instante viste de luto y, al mismo tiempo, de gala. El polo positivo y el negativo van de la mano, «entretejidos», ¡juntos! Cada minuto nace y pasa… todo se vuelve historia.

Que se acaben las condiciones; el placer está en compartir y allí, en el dar, reside también la recompensa.

Siendo conscientes despiertos; la inocencia está libre de pecado. Pecado es no ser feliz. Disfrutando eternamente de la perfección de un cuerpo que formamos todos, siendo uno solo.

Solo es eterno... el eterno ahora. Es el viaje el que nos proporciona felicidad, no el destino. Es un deleite capturar con mis ojos del alma lugares y momentos mágicos de la perfección del Todo.

No somos cuerpo ni materia, sino espíritu y alma, entretejidos en la matriz universal, formando un todo. El «rollo» de personas perdidas en el materialismo, locura colectiva, pertenece a la vieja Tierra; la nueva consiste en vivir y practicar en espíritu consciente: no soy mi cuerpo, no soy la materia, yo soy alma (espíritu).

Vivir como las flores, sin pensar por qué: la sabiduría divina provee; hay quienes se entregan al trabajo físico por dinero y a cambio dejan la vida en pedazos. Para ser feliz todo es gratis. Y ya muerto el cuerpo físico, nada nos llevaremos del mundo material, solo lo espiritual, en gozo, armonía y perfección.

Me pregunto, ¿tenemos más de lo que usamos o agradecemos? Perseguimos a un dios falso y engañoso en el materialismo y damos hasta la vida, cuando podemos vivir como Buda.

Transformación: mi despertar

El contenido de estos escritos no se corresponde en modo alguno con un credo, una ideología o un signo religioso, cultural o social. Amigo lector, independientemente de tus creencias, para mí es un compromiso con Dios, contigo y conmigo misma, que humildemente deseo aportar algo al mundo de la abundancia que la vida me regala. Esto no quiere decir que sea verdad para ti. Yo soy responsable de lo que digo, pero no de lo que tú comprendas.

Todo es en amor de mi parte, más allá de credos y religiones. Lo comparto como una de las tantas e incalculables maneras de despertar la conciencia espiritual. Esto solo es un proceso para avanzar a lo que cada individuo quiere o no hacer en este mundo material y también espiritual, para los más avanzados, de acuerdo con la interpretación de lo que cada uno vino a hacer a este hermoso planeta Tierra.

Dios es amor, y no existe otra cosa en la creación que Dios y su expresión. Todos los seres humanos somos expresiones del Amor Divino. Las creencias pueden ser tan fuertes que se convierten en profecías de autorrealización. Una creencia es algo a lo que te aferras porque consideras que es verdad.

Comienzo por algo sencillo, pero que al mismo tiempo puede ser lo más difícil. Yo elijo: ¿fácil o difícil? Mi mensaje principal en este libro es que liberándome del viejo sistema de creencias limitantes (o acuerdos) y dejando de creer en ellas, ocurre un cielo inmenso de posibilidades infinitas para conectar a mi alma, evolucionando hacia una paz extraordinaria y, de este modo, canalizando mis energías. Son increíbles las posibilidades que se abren a la humanidad y a cada ser humano que expande su conciencia y acepta con naturalidad su proceso de transformación. Tú te vas apartando todos los días del viejo mundo (el pasado) y acercándote al nuevo, para unirte a la comparsa de millones de seres humanos que viven una nueva vida.

En el momento en que yo me descubro en un concepto de sufrimiento por creer en algo que no es saludable, conscientemente sustituyo esta creencia que me limita por una nueva que me permite crecer, elegir y practicar todo dentro del concepto generalizado del amor.

Es una liberación de todo juicio o prejuicio; soy responsable de mi vida y de mis resultados para todo y, al mismo tiempo, soy consciente de mi elección de vivir, de hacer o no hacer.

Es importante sustituir inmediatamente una creencia por otra porque, de lo contrario, queda un vacío. Lo mismo sucede cuando desocupamos un clóset: si no elegimos qué poner u ordenar, no faltará quien se le ocurra colocar algo (o yo misma), tan solo porque el sitio está vacío. Si dejamos de necesitar unos zapatos por algún motivo, es importante reemplazarlos por otros nuevos. La idea es ser conscientes de que la mente es conocimiento acumulado por lo que vemos o aprendemos. Debemos dejar que el espíritu dirija el archivo mental. Si no lo hacemos al instante, las creencias parecidas que se hallan en el ambiente de nuestra atmósfera se instalarán en el vacío de la vieja creencia, y así quedará lo mismo, pero disfrazada de cordero.

Como se trata de cambiar, seamos conscientes de ello. Hagamos la elección de creer en lo nuevo y practiquemos si funciona o no. Es nuestra elección la que lo decide si creo; nunca debemos hacerlo porque alguien lo dijo, sino porque yo quiero, yo lo acepto, me gusta, funciona y soy feliz.

Somos seres repetitivos. Actuamos como fuimos educados, reproduciendo en algunos casos lo que hicieron nuestros padres en su forma de enseñar. En el nuevo paradigma o creencia ocurre el «milagro», la «magia». Se graba en el subconsciente una vida nueva y distinta. Así comienza lo maravilloso transformando mi mente.

Un bello mensaje bíblico nos instruye: «Somos transformados por la renovación de nuestras mentes» (Romanos 12:2). Esto es poderosísimo si somos conscientes; cuando hay ignorancia, sobreviene el temor. No hay nada que temer: todos traemos la sabiduría del Creador, Ser Supremo, cosmos o como tú lo llames, y de nuestros antepasados, en células dormidas. Basta con escuchar algo que tiene lógica o sentido, leerlo o presenciarlo, para que las células despierten y recuerden, comenzando a ver y a oír lo visible y lo invisible… dependiendo de la evolución de cada uno.

Así es el proceso del despertar de la conciencia: una evolución puede ser individual o colectiva, y ocurre a cada momento. De un sueño pasamos a estar despiertos; aun si dormimos físicamente por la noche, es un estar alerta «en el aquí y en el ahora».

Cuando comprendo esto, se hace luz en mí. Nunca hay que hacer esfuerzos, esto llega solo cuando estamos listos. Si no se entiende, no es el momento de despertar. Si estás leyendo este libro, es porque de alguna forma estás preparado para comprender o recordar lo que ya sabes, estás practicando tu evolución. Si no lo comprendes, solo entiende lo que es para ti y sigue leyendo. Si vuelves a descubrirlo cuando estés listo, lo comprenderás en otro nivel (o tiempo), cuando sea tu momento.

Nunca pretendamos enseñar a nadie, comencemos con nosotros mismos. Si yo cambio, cambiará mi mundo, porque en él yo soy el observador y el observado. Tu experiencia es única, y tu interpretación dará el significado final.

Por extraño que pueda parecer, nuestra salud depende de lo que creemos acerca de nosotros mismos, y la simple transformación de pensamientos negativos en positivos nos proporciona una vida feliz y sana. Hay pensamientos que podemos cambiar por elección, ideas de patrones destructivos que quizás cargamos desde la infancia: son la raíz de todas las enfermedades y los problemas que nos creamos en nuestra vida cotidiana (Karma).

El secreto para el éxito de un hermoso vivir es estar dispuestos a modificar los patrones negativos de pensamiento sobre nosotros mismos, afirmando o declarando lo contrario de lo que creímos, pensamos o tal vez nos enseñaron, y nos causaba mal.

Yo respeto las creencias de toda persona y me alegra verla feliz. Si se siente bien, es a causa de la elección que practica, vive o experimenta en su vida. Vívelo, experiméntalo, no me creas a mí, date el poder de la duda y practícalo; te sorprenderá lo mágico de esto.

Todo lo positivo se traduce o transporta salud y paz, y atrae armonía a nuestras vidas. Los buenos pensamientos pueden comenzar con el proceso del perdón, que empieza por nosotros mismos, por el daño que nos causamos tan solo al recordar situaciones que nos provocan dolor o rencor. Si bien ya hay un sufrimiento causado por sí mismo, el daño es mayor cuando lo tenemos presente a cada momento y nos originamos, de este modo, un dolor que refuerza ese daño. Perdonándonos por esto o aquello, y perdonando a quien creemos que nos lastimó desde la niñez hasta el presente, o tal vez engramas o recuerdos de otras vidas también.

Nadie puede ser feliz por nosotros. Todo es un estado mental. Perdonando, nos liberamos de las prisiones del pasado, eliminamos las emociones negativas que se guardan en forma de coraje, temor, resentimiento y culpa; esas fuerzas dañinas pierden su poder en nosotros gracias a la sanación del perdón. De esa manera, quedamos libres de energías mal usadas. Perdonar a todo aquello que nos causa dolor es sanar nuestro corazón, reconocer que son seres humanos, posiblemente víctimas de su época o de otras personas. Si pensamos así, el efecto de las opiniones ajenas se reducirá al mínimo, nos resultará más fácil superar el pasado o el mal recuerdo, y agradeceremos lo aprendido y nuestras fortalezas.

Doy gracias a las personas que me apoyan en mis lecciones y a aquellos que me muestran mi naturaleza humana. Les ofrezco mi más profundo respeto y gratitud por mantener ante mí el espejo impecable.

Descubriendo la luz

Que este libro sea parte esencial del rompecabezas del juego de tu vida. Que cuando leas lo que comparto, experimentes el nacimiento del gran deseo de descubrir tu propia luz que es eterna, de acuerdo con tu propia interpretación, según tu particular experiencia. Nunca hubo un tiempo en que tú y yo no existiéramos, ni dejaremos de existir en el futuro: somos partes integrales del infinito en espíritu. Me dirijo al Absoluto, al Creador, superior e infinito como el Universo. Dios de todos, independientemente de la religión o creencia, por la razón lógica de que todos somos energías de Él en amor, obra de nuestro Dios supremo, creador de todos y de todas las cosas.

En un momento drástico de mi vida, para amarme a mí misma buscaba el amor en el exterior, fuera de mí, tanto en los hijos como en mi pareja, en el trabajo y hasta en el afán de quedar bien con los demás. Un día, cansada de mi abismo y de mi infierno, comprendí que me quedaban dos caminos: seguir anestesiada o despertar.

Estimado lector, te invito a que te identifiques con algunos pasajes y ejemplos de este libro, o que te inspires en él para encontrar por ti mismo las respuestas de tu vida, los para qué y los cómo, preguntas clave en la búsqueda del sentido. Deseo contribuir con ideas o herramientas para el artista que eres: tú eres el pintor, y el lienzo es tu vida. Que tu pintura sea la más

14

hermosa y singular. Nunca pretendo que pienses o mires la vida como yo la veo; recuerda que todo es por elección.

Un paso hacia la experiencia de lo nuevo nos permite conocernos y descubrirnos más a nosotros mismos. Somos libre albedrío. Dios nos ama tanto que nos deja decidir, y los resultados, buenos o no tanto, son nuestros en virtud de esa elección, por nuestra actitud o nuestras acciones.

¡No son ustedes, yo soy!

En algún momento encontrarás partes del libro donde escribo en primera persona y en presente. La primera persona permite, al momento de leerlo, la identificación mía y del lector, como el actor principal de la película de nuestra vida; y lo pronuncio en presente, porque para el Universo no hay pasado ni futuro, solo el hoy, el aquí y el ahora.

Todo es perfecto: aquello que fue ya es, y lo que ha de ser fue ya. Y Dios restaura todo... su misericordia es infinita. Aun si pienso un recuerdo, lo hago en el presente, mi mente trae, a la orden de un pensamiento, las imágenes a mi hoy. Por ejemplo, si recuerdo que ayer disfruté de un rico y delicioso chocolate con almendras y cacahuates, mi mente trae al presente la misma sensación: siento que mi boca empieza a saborear el momento como si fuera real, aunque haya sido ayer. La mente no distingue entre lo real y lo irreal. Para el Universo es un eterno ahora... aunque solo sea un recuerdo.

Cuando el lector lee y comparte pensamientos e interpretaciones, su aprendizaje es el protagonista de su historia como ser único. En el trascurso del libro plasmo declaraciones y reflexiones positivas, pues es una forma maravillosa de grabarlo y una poderosa manera de crear el hábito de contribuir al amor.

Pensemos siempre con afirmaciones positivas que redunden en beneficio de toda la humanidad, de todos y de cada uno. La declaración o afirmación es una semillita plantada que dará fruto en su momento...

Pronunciar una frase negativa no nos conduce a nada bueno. No nos sorprendamos si ante una afirmación como «me molesta el tráfico», este se vuelve más pesado, porque es lo que declaramos. Por el contrario, practiquemos el amor propio, acudiendo siempre a frases positivas y en presente: «agradezco la oportunidad de manejar en este momento, en armonía, y de manera perfecta doy gracias» o «bendigo el bien en mí y en todas las personas que manejamos en este momento»; «el tráfico fluye en armonía y de manera perfecta doy gracias». No te sorprenda que el tráfico fluya de esa manera y que las personas te sonrían amablemente sin conocerte. Lo que se da se afirma con lo que se recibe, es la razón por la que recomiendo los decretos, afirmaciones, reflexiones. Prueba, no me creas a mí; practícalo y saca tus conclusiones...

Guerra en el interior

Imagínate un río revuelto en el cual no puede observarse la claridad del agua ni nada concreto de lo que hay en su fondo. Así es una mente confundida, llena de pensamientos, emociones y sentimientos desordenados. La guerra en el interior....

La voz que la mayor parte del tiempo aconseja mal no eres tú, sino el ego. Hay quienes pueden identificarla como «maya» ego, orgullo, un juez implacable que ataca a cada momento como si fueras tú, cuando en realidad es el ego creado por la mentira. Se le da vida por medio de un sistema de creencias aprendidas, grabadas en el inconsciente y en el subconsciente a través de la domesticación. De alguna manera, todos crecimos escuchando, mirando, aprendiendo, practicando; estamos tan habituados a la costumbre y tan endurecidos por ella, que obedecemos automáticamente y así provocamos un sufrimiento continuo. Es el enemigo de todo ser humano al experimentar sufrimiento.

Está dentro de uno mismo, es alimentado por la práctica de creer en algo que grabamos y que no es verdad. Al sostener la creencia le damos vida, la hacemos verdad, y se pierde la razón de lo real y de lo irreal. Solamente si somos conscientes podemos identificarlo. Para lograrlo, es necesario un proceso, una evolución a nivel conciencia o espiritual. Es preciso sentir un deseo grande de cambiar de rumbo, de desaprender todo lo que hemos aprendido, de comenzar de nuevo, de cero, preparándonos de muchas maneras. Se siente, se percibe, se identifica, se sabe cómo y cuándo. Hay una máxima que dice: «cuando el alumno está listo, el maestro llega». «Cuando estás listo, algunas veces el proceso es doloroso». Sucede cuando uno está cansado de estar cansado y advierte que, en realidad, lo vivido o hecho es «perseguir el viento», un ir sin rumbo específico.

«¿Por qué las personas espirituales pasan dificultades? Permiten que se manifieste lo que el alma necesita. Las batallas son crudas, pero gracias a esto la luz se vuelve más brillante» (Ramtha). Recuerden que cuanto más oscura es la noche, menos falta para el amanecer.

Es preciso fortalecernos para evolucionar. Los diamantes se forman a base de presiones; las perlas de mar han tenido un proceso increíble en la ostra para llegar a ser perlas. Más adelante me referiré a esto, que puede expresarse en las siguientes frases: «Para conocer la gloria es preciso venir del infierno»; «quien no se cae no aprende». Para conocer y distinguir qué quiero y qué elijo, en un momento especial de la vida se experimentan estas emociones.

Mensaje –o decreto– sobre el tema que acabo de escribir: cobro conciencia de que todo lo que vivo y experimento son interpretaciones mías, yo no soy dueño de la verdad.

Me libero para siempre de mis interpretaciones falsas, sustituyéndolas por creencias de salud, amor, paz y prosperidad que provienen de mi corazón.

Búsqueda de paz

Mi identidad está pérdida en el abismo de los porqués. Aun así, me juego mi última carta. Me juego todo. Por otra parte, qué pierdo si nada es mío. Escuché en algún sitio que «el que no arriesga todo, no gana nada». En el abismo profundo que me persiguió continuamente, siempre estuvo conmigo la luz, transparente, fiel y persistente. Esta luz personal me fortalece a cada momento y, por lo tanto, siento que hay algo más que lo que ven mis ojos físicos.

Como leona en celo defiendo y peleo por mi razón, pero ¿cuál razón? No es más que una mentira basada en nada, que como un fantasma me persigue desde la infancia, mas no existe…

Veo con los ojos del alma (ser, conciencia, espíritu) y comienzan a desvanecerse, una a una, las viejas capas (creencias) cual cataratas de mis ojos. ¿Duele? Sí, y al mismo tiempo la gloria comienza a manifestarse. Éxtasis que invade mi vida, y yo soy entonces uno con Dios. Qué misericordia….

Ante la euforia de este momento lleno de emociones, como el fuego que arde a llamaradas, empiezo a vivir, a flotar, a descubrir la belleza del todo y de la nada. ¿Acaso es esto verdad o solo una ilusión? Medito. (Una de las señales del proceso evolutivo son los cambios de ánimo: de una tristeza muy profunda hasta la alegría más fascinante, sin explicaciones). Luego se alinea un equilibrio maravilloso. "El despertar es como hallarse en medio de una fiesta en la que hay miles de personas y todas están borrachas, excepto tu".

Reflexión

Detrás del abismo y del miedo encuentro la gloria. Hay un velo que cubre el alma: es el éter, inteligencia, mente y ego. Al despejarnos de este velo «maya» o ilusión, se obtiene la liberación. Conscientes o no, el alma está presente en cada ser humano y es la fuente de todas las energías que mantienen al cuerpo. La energía del alma que se difunde por todo el cuerpo se denomina conciencia.

Corazón de piedra

Corazón de piedra que no siente; laberinto de confusión total, encrucijada del mismo infierno. ¿Lo has experimentado? Ya que estoy aquí, al final, ¿qué pierdo? Si nací sin nada, ¿por qué peleo?

¿Qué es el corazón? ¿Acaso tengo uno? No siento, no vivo, estoy en un desierto, nada me importa: ganar, perder, perder, ganar, nada. ¿Acaso salgo de esto? ¿Tal vez haya algo más que viva conmigo eternamente? ¡Algo que me motive ya! Es urgente: mi aceite es poco, la luz está ahí, solo debo encender una vela. Estoy en medio del mar, ya me cansé de nadar, es mi alma que grita que quiere vivir. ¿Quién me guiará a la orilla de la paz total?

Casi me ahogo, las fuerzas se me acabaron. Puedo morir, a nadie le importa. Entonces me suelto, me dejo llevar por la corriente, empiezo a flotar… una fuerza mayor (fuerza interna, Dios en mí) me sostiene. Es el inicio del comienzo del proceso de perdón; vuelvo a nacer, vuelvo a amar.

Reflexión

Soy responsable de mi vida, de mis resultados. ¿Me gusta lo que tengo, lo que pienso, lo que hago, lo que digo? Mis resultados dicen todo. ¿Y cuáles son?

Observo, aprendo consciente, responsablemente. ¿Duele? Sí, pero la vida es así: es o no es. Comienzo a vivir en rebeldía (en relación con los viejos conceptos limitantes) y libertad interior total; me amo, me acepto, me respeto, elijo, vuelo, vivo. La abundancia infinita está en mí y yo en ella, en armonía, amor y orden.

El diamante

El brillo del sol descubre y pule el diamante que hay en mí. Estoy en un laberinto con actitud de explorador, asumiendo el riesgo de los caminos nuevos, desconocidos. Con la única compañía de la luz de las de estrellas en el bosque, camino sola: aprendo, me arriesgo, soy decidida; cruzo los mares, fortalecida, hacia otro continente. Me enfoco en lo extraño, lo exótico, lo desconocido, y experimento alegría y entusiasmo en todo lo que hago. Doy lo mejor de mí, me amo, me acepto, hablo conmigo (Dios en mí); comienzo a meditar y se caen otras capas de las viejas cataratas de mis ojos internos. Soy un tesoro.

Experimento espiritualidad, paz, armonía. Y ahora comprendo: no necesito de nada ni de nadie para ser feliz, porque todo está en mí. Si soy consciente, la felicidad es mía, nadie puede vivir ni sentir por mí.

Tengo todo y no tengo nada, vengo de paso, mi vida es un viaje en donde estoy presente soltando el pasado, amo mi presente. Soy actor de mi propia vida; lo que veo en ella es una actuación, es maya, un sueño, una creencia, espejo humeante, ilusión. Dejo de complacer al mundo y comienzo a complacerme a mí misma (en el sentido de escuchar primero mi corazón antes que la opinión ajena). Nada de excusas, ¿para qué el adorno del pastel? El dulce solo es apariencia, máscara social, farsa, mentira, creencia, pérdida de energía. Aprendí por fin a decir «no».

23

Vivo cada día como si fuera el último de mi vida. Si estoy bien, mi entorno, mi mundo, también lo está. Me cuido, me amo, vivo en gratitud y llevo este mensaje a través de mis escritos para apoyar a otras personas que, como yo, saben y sienten que no somos este cuerpo, sino espíritu, pequeñas partículas de Dios, de su misma naturaleza. Nuestra relación con Él es eterna, si bien en la actualidad la hemos olvidado a causa del contacto con la energía material. Dios me inspira a dar de lo mucho que me regala, y una de las formas es compartir es este proyecto maravilloso de vida, de chispa, que despierta una luz en la oscuridad.

Si estoy feliz o no, ¿a quién le importa? A nadie; yo gozo las dos cosas en silencio, fundida en mi existencia. Estoy comprometida con mi todo y con mi nada; tengo muchos nombres y no tengo ninguno, porque vengo del todo y al mismo tiempo de la nada; no soy de aquí ni de allá, soy del mundo entero y de ninguna parte; vengo desde siempre y vengo de ahora, nací sin nada y sin nada me voy; disfruto y agradezco el presente. Me desapego.

Todo es aprendizaje, lecciones de vida. Vengo de la tumba y ahora vivo en el cielo; nadie puede conocer la gloria si no viene del infierno…

La vida es mi escuela; mi maestro, mis lecciones y aprendizajes…

Quemar el viejo barco del pasado

¿Cuántas veces te has aventurado en tu vieja barca con el propósito de llegar a esa desconocida pero atractiva y misteriosa isla, donde es posible encontrar un nuevo mundo, un nuevo amor, o aquella anhelada y renovada forma de vivir? Pero a mitad de la travesía naufragas y saltas de tu barca, incapaz de continuar el viaje: es tan vieja y débil que cede ante el ímpetu del oleaje de ese mar que, como la vida, es constante e imponente. Imposibilitado de continuar hacia delante, hacia lo atractivamente desconocido, optas por decirte que ya no tienes embarcación para reanudar el viaje, que es imposible proseguir, y decidas regresar (excusas). Y lo haces: vuelves a tu lugar de costumbre, como el perro en el clavo…

Hay una anécdota que encierra un gran mensaje: todas las mañanas, un anciano salía a tomar sol en el porche de su casa. Lo acompañaba un perro, que diariamente aullaba. Alguien que pasaba por ahí le preguntó por qué lloraba su mascota. El anciano le contestó que todos los días lo acompañaba y se sentaba donde había un clavo. Moraleja: todo implica una elección: elegimos regresar siempre al mismo lugar, aun si hay una molestia, o hacemos la diferencia y pagamos el precio de seguir nuevos y emocionantes caminos de evolución en cualquier sentido. ¿Cuál es nuestro aprendizaje? No es bueno ni malo; si elegimos conscientemente, nunca habrá reclamos: es nuestra elección, nuestra responsabilidad, de nadie más.

Pero otro individuo, al darse cuenta de que la vieja barca es destruida por los golpes de las olas (golpes de la vida), salta al agua y continúa el viaje nadando hacia adelante. Empujado por su curiosidad, por su valor y tenacidad, advierte en el horizonte algo prometedor. «Creo que puedo llegar —se dijo—. Quiero llegar a esa isla misteriosa y desconocida. Nadar de regreso me tomará el mismo esfuerzo que seguir hacia delante». De eso se trata la vida: de llegar a lo desconocido (desarrollo evolutivo en todo sentido), aun a pesar de mis miedos, creencias y conocimientos. No solo exploro esa isla en su totalidad, sino que al llegar a ella, prendo fuego a mi viejo barco del pasado e invento otras formas para navegar en el mar del viaje de la vida.

Esta reflexión habla de cómo puedes aventurarte a encontrar la paz y la felicidad en tu ser interno, terreno desconocido (la nueva Tierra) para quien no lo ha explorado, pero que siempre ha estado ahí. Cada cual elige la «isla» donde quiere viajar y la forma de hacerlo. Todos nos dirigimos a la misma montaña, solo que por diferentes caminos. Las enseñanzas que nos llegan de distintas fuentes —los mayas, los toltecas, los hindúes, los griegos, los cristianos, etcétera— provienen de la misma verdad: todos nos hablan de reclamar la propia divinidad y encontrar a Dios en nuestro interior. La intuición y la acción que utilizamos aprendiendo, practicando, experimentando, evolucionando espiritualmente es lo que realmente importa. Escuchando la voz interna, que yo llamo Dios en nuestro corazón, que está eternamente a nuestro lado como un observador silencioso, disfrutando el mágico encuentro para amarlo y servirlo como el Dios Superior.

Mi invitación especial es que todos vivamos este viaje en gratitud y por elección. El camino dura toda la vida, y nunca dejaremos de recordar lo que ya sabemos, de aprender y de desaprender. Seamos responsables conscientes, sin culpar al mundo por nuestros resultados, experimentando en agradecimiento.

Reflexión

Según mi humilde interpretación, Dios lo es Todo. Por este motivo, la vida es Dios en sus diferentes energías. «Estoy enamorada de la vida, está conmigo, me enamora. Cada mañana conecto con mi mortalidad y luego me entrego en brazos de la vida».

Mi presente

Mi presente es este preciso momento cuando escribo estas letras. Yo soy consciente de que he recuperado mi poder que, como todo, es interpretación. Todo es aprendido de alguien más que hizo lo mismo o lo escuchó... yo lo llamo recordar lo que ya sabemos, permitir que despierten nuestras células dormidas donde se encuentra la sabiduría. La mayoría hacemos las cosas creyendo que es lo correcto, porque alguien nos lo dijo o lo vimos y aprendimos.

En algún momento yo comencé a darme cuenta de que había cedido mi poder voluntariamente. Reconocerlo fue un gran progreso; como un alcohólico que al aceptar su condición avanza en su sanación, así comencé a observar cómo recuperaba lo que voluntariamente y durante años, tal vez vidas, había permitido, por complacer a mi trabajo, a mi familia, a la iglesia, a la cultura. Aunque me había olvidado de mí misma y me había ignorado, en el fondo, la voz de mi alma inconforme provocaba rebeldía e insatisfacción; cada vez que me olvidaba de mí experimentaba frustración, porque rechazaba mi propio yo creyendo, erróneamente, que agradaba a Dios según mis creencias. No era feliz. No me escuchaba porque no estaba conectada con mi voz interna ni la oía; no había unidad con el Todo. Ahora siendo consciente recuerdo, comprendo esto que ya es, era y será siempre; fortaleciendo mí luz interna del alma, mi yo interior, el Yo más allá de todo los

28

pensamientos, átomos e imagen, el yo que carece de espacio y de tiempo.

Allí reside la fuerza vital de todas las energías divinas que me unen al Cosmos. Es regresando a los viejos caminos ya transitados, recuperando energía canalizando la que se encontraba atrapada, transmutando y liberando lo que me resistía. Creía que me amaba a mí misma, ¡pero no lo hacía! No como ahora, conscientemente. Peleaba; mi razón era parte del gran acontecimiento de estar regresando por los mismos caminos recordando lo que el espíritu y el alma ya saben; es solo escuchar mi voz, mi Yo interno, y experimentando mi propia experiencia. No la de alguien más, ¡la mía! Es muy diferente vivir porque alguien me dijo, que hacerlo porque mi alma me instruye y guía mi experiencia. ¡Qué hermoso!

El infierno existe en la vieja Tierra cada vez que ignoras o rechazas tu propio Yo (llamo vieja Tierra al pasado). El regreso a casa es el retorno al cielo, la auto-realización aquí en la Tierra, la nueva Tierra, en la nueva Era, como quieras llamarla. Yo la llamo como la profetizan los grandes iluminados, la Era dorada del corazón, del despertar, y de la unidad. Soy consciente de que en cuanto elimino el juicio, sana mi alma, mi corazón o ser.

Por escuchar todas las experiencias, todas esas voces, olvidaba mi verdad, mi propia voz, mi experiencia personal. Por este motivo, mis resultados eran devastadores, y como nuestros pensamientos son creadores, componemos una realidad a medias de acuerdo con lo que oímos, nos dicen o vemos, no según nuestra propia experiencia.

De este modo, en vez de experimentar el amor y la paz sentimos lo opuesto. Atraemos lo que no queremos a causa de esos pensamientos, porque con lo que pensamos se envía una orden y recibimos una contradicción dolorosa…

Reflexiona y pregúntate: si hay mandatos que seguir, ¿dónde queda el libre albedrío? Es contradictorio; no hay bueno ni malo, solo juicios. Lo que para una persona es bueno, para otra tendrá un significado distinto. Solo basta comprender que toda opinión es una interpretación independiente, yo no me considero dueña de la verdad.

Dios no necesita nada de nosotros, es Dios y ya es. ¡Es el Creador! Y nos hizo a su imagen y semejanza. No existen, entonces, malas personas, solo seres conscientes e inconscientes.

Vivimos en una continua creación, en total realización cada momento. Todo en la vida es sagrado. Toda inquietud se esfuma cuando se escucha el Alma.

El amor perfecto consiste en percibir lo perfecto.

La fe es creer en lo que no se ve

El poder de la fe es creer a ciegas en algo, sin dudar, con ilusión y con la inocencia de un niño. Es creer en amor, no importa lo que los demás opinen. Es confiar en el día en que llega lo prometido, independientemente de su cumplimiento. En esto reside la importancia de la precisión con la palabra y el deseo. Isaías 55:11 nos dice: «Así es también la palabra que sale de mi boca: no volverá a mí vacía, sino que hará lo que yo deseo y cumplirá con mis propósitos».

Cuando la fe es real, las cosas se dan sin explicación; cuando no lo es, no ocurren. El Universo se alinea para que todo sea como es deseado… (Cuidado con lo que se cree, desea o pide). Confiar en el Todo con certeza de lo que se dice, lo que se piensa, lo que se hace; no importa que parezca una locura, lo imperante es la fe. (Ahora podemos apreciar grandes logros científicos que alguien soñó, pidió y se lograron, aunque hubiese parecido una locura o un imposible). Fe es soñar, atreverse, alcanzar, realizar, crear, desear, pedir, dar y recibir. Para el Universo, «tus deseos son órdenes».

Si en tu vida no sucede nada de lo que tú quieres, no sabes qué es la fe. Si está sucediendo lo que «no» quieres, es porque tienes puesta tu atención en aquello que no deseas y lo atraes solo por tenerlo presente en tu pensamiento. Es una orden para tu universo creador que proviene de Dios, porque Él es el creador universal; ni una hoja de árbol seca se mueve sin su autorización, pero sucede así porque tú lo pediste consciente o inconscientemente.

Porque tú eres un ser creador; la chispa divina de Dios en ti crea y, como un imán, atraes lo que piensas. Deja de reclamar y observa tus pensamientos, enfócate en lo que quieres y si realmente lo deseas. Esta es la prueba de tu fe: lo tendrás si es auténtica.

Fe es la seguridad de ver lo que no se ve. Te ha tocado observar «donde tienen ojos y no ven oídos y no escuchan». Exploremos y avancemos en espíritu, expandamos nuestra visión confiando a ciegas en Dios Todopoderoso como niños, y pongamos en acción los talentos que Dios nos regala en beneficio de nuestra misión o propósito de vida y de toda la humanidad. Todos somos individuales pero, al mismo tiempo, somos como una gota de mar: pertenecemos al Océano.

Mensaje de fe

«Pidan, y se les dará; busquen, y encontrarán; llamen, y se les abrirá; porque todo el que pide, recibe; el que busca, encuentra; y al que llama a la puerta, se le abre» (Mateo 7:7,8).

Hazlo con fe para que no desesperes; no te angusties por las cosas de este mundo, que son pasajeras, solo una ilusión. El camino para llegar a la fuente de todo bien es el amor a mí y a mi semejante. En un pasaje bíblico se dice que Dios vino a guiarnos a encontrarnos con nosotros mismos, a despertar la confianza en nuestro propio ser, en nuestra esencia, espiritual y divina, confiando en el proceso de la vida y en la abundancia del Universo. No fuimos creados para la carencia, sino para la abundancia de todas las cosas espirituales y materiales. El amor es la fuente que nos provee, todo está a nuestra disposición. Vivamos de acuerdo con lo que somos: hijos de un rey. Otro pasaje bíblico enseña: «Dioses sois, y mayores cosas aun de las que yo hago, haréis vosotros». ¿Por qué dudamos de esta verdad? ¿Por qué creo más en el «yo pecador» que en la pureza de nuestra esencia? La falta de fe en esto crea carencia de salud, paz, alegría –e incluso dinero y los medios para obtenerlo– en nuestras vidas. Sal de la queja y de la autocompasión que te hunden en las tinieblas del «yo inferior» y te alejan de la luz que eres en esencia. Ese es el mensaje que Jesús nos dio al decir «olvídate de ti mismo», de esa parte de ti que no eres tú, sino tu envoltura y tu creencia o ego. Te preocupas demasiado y no te ocupas de lo que te corresponde, porque estamos bloqueados con envidias, resentimientos, odios, culpas.

Veamos lo que nos muestra cada instante de nuestra estadía en la Tierra: amor, lecciones, aprendizajes. Tranquilicémonos incrementando nuestra autoestima y elevando nuestra fe.

Yo creo, soy observadora de mis pensamientos, soy responsable de mis resultados. Mi fe es un «sentimiento» activo, consciente, presente, alerta; es fuego que arde dentro de mi corazón constantemente. Cuando disminuye su fuerza y su calor (hay lucha de pelear la razón, de buscar lo nunca perdido), es como si el día estuviera nublado; pero el sol está siempre ahí: las nubes cubren su luz como las creencias limitantes de supuesto abandono esconden nuestra fe. Hay quienes le llaman a esto «la noche oscura del alma». Estas señales activan una alerta para que sea consciente y avive ese fuego que es mi fe.

La fe se logra por elección propia, no se relaciona con cultos, religiones, partidos políticos, sociedades ni culturas. Ella es tu barita mágica para crear tu mundo deseado.

Es creer y crear. Recuerda: somos creados a imagen y semejanza del Creador (Génesis 1:27). Somos creadores a cada instante. Te invito a observar tu vida para que seas consciente de que estas creando. Crea tu propio sueño, nadie puede hacerlo por ti; usa tu sentido común: es tu propia creación, lo que es verdad para ti no necesita el apoyo de nadie. La vida es creación más que descubrimiento. Podemos llamar a alguna situación, lugar, persona o cosa descubrimiento, pero es creación de nuestra acción, venimos a recordar o re-crear lo ya creado.

Por lo tanto, seamos consientes, soñadores en acción, usando con gran creatividad nuestra imaginación. Todo empieza con un sueño de creer y con verlo antes de tenerlo: con la visión de visualización, el poder de la fe y en agradecimiento.

Libertad interna

La verdadera salvación es un estado de liberación del miedo, del sufrimiento, de las carencias, de insuficiencia y, por lo tanto, de todo deseo y necesidad. Desapego a la mente y al ego. La codicia, por el contrario, es el apego a cualquier cosa, tanto en el terreno físico como en el mental o emocional. La mayoría de los seres humanos están o estuvimos muertos en uno u otro grado (siendo inconscientes). De alguna forma se han perdido los sueños, el deseo de una vida mejor. Claro que tú puedes o tal vez eres la excepción.

Han perdido la lucha por su autoestima, se han estabilizado en una vida de mediocridad, en días de desesperación y noches de lágrimas; no son más que muertos vivientes, destinados al cementerio de su elección. Necesitan salir de ese estado. Pueden resucitar de su lamentable condición.

Cada uno es capaz realizando el milagro más grande: regresando de la tumba. Sin embargo, es una elección. La salvación consiste en la liberación del viejo sistema de creencias, de la domesticación que recibimos desde la infancia. Ahora somos creadores, recordamos o practicamos nuevas creencias (o acuerdos) pero desde nuestro interior, la fuente verdadera del Ser, conscientes de la elección siendo responsables de los resultados. Es desconectando el pensamiento del pasado y del futuro, dejando de obedecer a la mente y al ego… escuchando al espíritu avanzando en espíritu.

36

Mi amigo compartía conmigo su inquietud por el futuro; argumentaba que le preocupaba hoy el compromiso de mañana. Su nerviosismo era evidente. Me detuve a observarlo y se me ocurrió una idea. Con un sencillo ejemplo le hice ver su situación: tomé tres libros de gran volumen, los puse en sus manos y le dije: «Mira, estás cargando desde hoy el peso de mañana. ¿Tú quieres eso? Por estar preocupado hoy de las cosas del mañana, no disfrutas plenamente de tu presente».

Cuando crees ser libre y experimentas tristeza, es porque todavía no usas tu creatividad para deshacerte de ese estado de ánimo y reclamar tu derecho divino a libertad. Aquel que tiene perfecto dominio del poder místico nunca se perturba con las atracciones de los diversos mundos, porque su interés es la comprensión espiritual. Cualquier cautiverio que se experimenta es apariencia causada por la ignorancia.

Salgamos de nuestra prisión, liberándonos de cadenas, prejuicios, acuerdos, paradigmas, miedos, supersticiones, costumbres, religión, política, conceptos absurdos basados en nada, doctrinas de domesticación; dejemos de alimentar toda esta mentira que solo causa sufrimiento. Lleguemos a nuestras raíces, encontremos nuestro Ser revelándonos en bien y dejando de creer en ideas absurdas, limitantes. Seamos individuos de entendimiento. Madurar significa deshacerse de toda dependencia. La propia idea de programar crea esclavitud. Siendo libres del pasado y libres del futuro.

El mañana es solo un consuelo que, en vez de conducirnos a la libertad, nos trae muerte, porque cada día que vivimos en el mañana como esclavos no nos preocupamos por el presente. Es vivir a medias o vivir anestesiados, adictos a la prisa, devorando todo sin disfrutar. Si confiamos y tenemos fe en que Dios provee el mañana, solo hay que ocuparnos del hoy.

Te caerás muchas veces; no pasa nada, levántate otra vez con una sonrisa. Y siempre hazte esta pregunta: ¿para qué me pasa esto? Es un mensaje que el Universo nos manda; con nuestra actitud provocamos la caída, y el Universo, sabio y perfecto, nos manda la respuesta en positivo, la lección que necesitamos para crecer; responde a nuestras órdenes, aunque muchas veces no seamos conscientes de todo esto. Se aprende en el camino; «cuando el alumno está listo, el maestro llega».

Confiando. Siendo libres (liberación) de todo lo que nos ata, de aquello que es falso, de lo que muere, de lo material, del sueño, de la ilusión de lo pasajero. Cuando nos liberemos de todo eso, se abrirán las puertas de la inmortalidad, regresaremos a casa, al Infinito, quien posee todo en cantidad ilimitada en el plano espiritual. Aun aquí, en la Tierra, podemos vivirlo si trascendemos.

Compromiso conmigo mismo

Responsabilidad y libertad van juntas: si no queremos la primera, tampoco seremos libres. Libertad es ser responsables de todo lo que realizamos, pero también de lo que no hagamos a nivel humanitario, hasta con un bello pensamiento. Recordemos el mensaje de que todos somos hermanos y parte del Todo.

Te invito a ser peregrino y a profundizar en el silencio del corazón. Las cosas son más sencillas de lo que parecen, y las mejores son las más simples. Por esta razón, desterremos ahora mismo todas las complicaciones innecesarias. Honro el momento presente permitiéndome ser.

Declaro, practico, disfruto de todo, suelto el miedo a la pérdida. Estoy en contacto con algo infinitamente más grande que cualquier placer, que cualquier cosa manifestada. Vivo en plenitud, honro mi cuerpo en mi totalidad. Escucho la voz de mi espíritu que me guía y me muestra el camino a la felicidad. La voz interna es la fuente que proviene del manantial divino; es quien dirige el barco y guía el viaje, si dejamos que lo haga.

Escribir es, para mí, un proceso de liberación personal a través del cual me conozco. Cuando me amo a mí misma puedo amar a los demás. «Ama a tu prójimo como a ti mismo», reza el texto bíblico. En esto reside la relación personal con Dios mismo, porque veo a Él en toda la gente. Siento respeto, admiración y buenos sentimientos hacia el prójimo, porque es un reflejo de Dios. Cuando amo a los demás, es a Dios a quien sirvo y agrado, y esto produce en el corazón una sensación infinita de gozo. Habrá personas que no permitan estas demostraciones de afecto; a ellas bendícelas con el pensamiento. Quizás son los más necesitados de amor. Siente compasión, porque antes, tal vez, estuviste en esas circunstancias; nunca juzgues, aunque se encuentren en el infierno, porque también estuviste en él. No son conscientes de lo que están rechazando, y por eso cierran las puertas a recibir. Es causa y efecto. En algún momento yo también fui así, por eso ahora puedo verlo; todo es, de alguna manera, un reflejo de nosotros mismos.

Libertad por elección

Nacemos libres pero inconscientes, debido a la domesticación a la que somos sometidos desde el vientre de nuestra madre, a las huellas de nuestros padres o antepasados en nuestras células. Esto continúa en nuestro desarrollo, solo si tú lo permites.

Libertad es ser individuo, pero no lo sabemos hasta que despertamos y somos conscientes (si tú estás despierto, sabes de lo que estoy hablando). Para los dormidos, puede que esto no tenga ningún sentido... Todos evolucionamos, cada uno en niveles o planos diferentes, pero todos en el momento perfecto. Lo bello es que todos avanzamos, según nuestro viaje o deseo de hacerlo por elección. Ser individuo es ser individual, único, sin imitar a nadie, sin seguir a nadie, sin hablar por nadie, sin juzgar a nadie, sin vivir por nadie, sin depender de nadie; no hay nadie igual a ti. Ser individuo es amarte infinitamente a ti para amar al mundo. Es libertad plena, amor y paz.

¡Sorpresa! Todo esto lo tienes por derecho divino. Sin embargo lo cubres, lo dañas, lo maltratas, lo abandonas, debido a las creencias que tú mismo eliges por obediencia; las alimentas por ignorancia, miedo o soberbia, desatendiéndote, olvidándote de ti mismo, hasta el punto de que ni siquiera te das cuenta de que eres tú el que provoca determinada situación. Operas desde el ego y por eso buscas tu felicidad fuera de ti mismo, ya sea en una pareja, en un empleo, en la religión, en una relación familiar o amorosa, en un partido político o hasta en una mascota...

La mala noticia es que nunca encontrarás ahí tu anhelada libertad. Reclama la libertad de hablar contigo mismo, de escuchar tu Ser sin complacer a nadie (en el sentido de querer quedar bien), en responsabilidad y armonía; descubre el tesoro inmensurable que habita en tu templo, que es tu cuerpo. Dios, en ti, te invitó a amarlo, cuidarlo y agradecerlo. Sé libre disfrutando en gratitud.

Vive el presente, vive a cada momento de manera consciente, desconectado completamente del pasado y del futuro, viviendo un bello, mágico y eterno ahora... ¿Cuántos de nosotros desperdiciamos años buscando la anhelada libertad en el pasado o en el futuro? Cuando la libertad ya es... una vez que se es consciente, presente.

Dios en nosotros jamás será prisión, sino amor, expresión y libertad. La prisión es formada por karmas y sistema de creencias. El principal mensaje de este libro es la importancia de ser conscientes, de acudir al estudio y a la meditación para borrar todo eso.

* También con la llama violeta que nos regala y comparte el Maestro Ascendido Saint Germain, el maestro alquimista del nuevo ser humano.

* Si es para ti, escucha los mensajes desde el ahora; si sabes de esto, sabrás cómo y cuándo... De corazón a corazón te invito a que vivas tu libertad interna desde los ojos del amor, aquí y ahora.

* Uso de la llama violeta (transmutación de Karma). Es una acción del Espíritu Santo que transmuta la energía negativa en positiva. De otras vidas y de ésta.

Creencias

Rompiendo cadenas

Hoy comparto uno de los millones de matices sobre la libertad: los cambios que ocurren a través de nuestras vidas. Así como en el arcoíris hay múltiples colores, también son diferentes las interpretaciones sobre el tema que trato. Creo en el poder del amor, en los deseos del corazón, de todos y de cada uno, en aceptación y gratitud del hoy en todo.

Ante la experiencia de la separación de mi hija, quien tomó la decisión de asistir a la Universidad, tuve la oportunidad de observar mis emociones, mis sensaciones y reacciones. Todo trae una lección de vida, un gran aprendizaje. Entonces escribí: «De pronto siento una sensación extraña de pérdida». ¿Por qué se va? Esa parte importante de mí misma, mi niña, hija mía, se aleja, se separa.

En seguida detengo mi proceso de pensamiento y observo mi reacción. ¿De dónde aprendí eso? ¿En dónde grabé la creencia de que los hijos son para estar siempre físicamente cerca de nosotros? ¡Vamos!, me digo a mí misma. Soy consciente de que tengo una excelente hija que está abriendo sus alas y sabe claramente qué quiere y hacia dónde se dirige.

La observo con amor: ella es una mujercita con sonrisa y mirada de niña ansiosa por volar, que sueña con hacer sus metas realidad. Me muestra orgullosa en una hoja de papel su declaración: la Doctora Carrasco. La abrazo y la bendigo con mi espíritu. Le digo en silencio: «Vuela, princesa, el cielo es tuyo. Siente el viento que acaricia tus mejillas, ve por lo que quieres, goza y alcanza las nubes, las estrellas y toda la belleza de tus proyectos, siempre que Dios te lo permita».

En la cultura en la cual crecí fui testigo de la creencia de que solo peligros aguardaban a una mujer que quisiera desarrollar sus talentos y deseos de superación (que por otra parte, eran considerados de manera negativa). Las hijas saldrían del hogar familiar únicamente al casarse, contraer matrimonio. Romper esta creencia fue determinante ante la partida de mi hija a la Universidad. Hay mucho que aprender para expandir nuestra mente y visión de todas las cosas, y para ayudar a otros seres humanos. Un camino extraordinario es estudiar, si así se desea. En mi experiencia, es un gran aprendizaje lo vivido por amor y respeto hacia otra vida, la de mi hija.

Mensaje especial dedicado a mi hija:

Mi niña de cabellos dorados, estás en un bello proceso de vida abriendo tus hermosas alas hacia un avance espiritual, mental y emocional. Eres valiente y victoriosa, mi niña mujer, sabia e inteligente. Desde siempre hasta hoy me haces feliz, me dejas huella de amor y ternura con tu silencio, tu obediencia, tu inmensa hermosura. Es maravilloso estar cerca de ti, pues aprendo, reconozco tu espíritu soñador, libre, auténtico. Vuela hacia el cielo infinito, aprende, disfruta de la vida en armonía, ponte metas, alcánzalas y ve por otras. Tú puedes, águila poderosa e independiente. Todos te amamos, eres pureza y transparencia, haces lo máximo, responsable y sencilla, para lograr así todos tus sueños. Eres poderosa, practicas y eres consciente de las Leyes Universales, del poder de la palabra (declaraciones), no te tomas nada personal; eres un observador silencioso que, sin juzgar, haces lo máximo en tus proyectos. Maravillosa, antorcha de luz de amor, te amo. Sé feliz siempre, nunca complazcas a nadie (en el sentido de viejas creencias limitantes); solo escucha a tu corazón, dirígete por tu "yo soy" y que este sea tu brújula en armonía. Sonríe siempre, y cuando sientas soledad o tristeza, recuerda que te amo, que eres luz. Pon atención a tu vocecita (interna), tu yo (Dios) y cuídala. Recuerda: eres una niña, cuida de ella como un tesoro inmensurable; atiéndela, ámala y también a todo tu entorno. Eres amor, la ley de atracción (Universo) te regresa, bendice y multiplica todo lo bello que siembras. Ama sin condición, vuela, ve por tus anhelos, tus sueños, tus metas. Eres una guerrera poderosa; logra tu felicidad a cada momento, vive solo el hoy (suelta el pasado, el futuro es incierto), que es un regalo que debes agradecer al Dios de tu corazón. Hija, te amo. Vuela, cuenta conmigo siempre, deseo lo mejor para ti. Gracias por hacerme tan feliz, por tu hermosa comunicación hacia mí, por cuidarme, por amarme; gracias por existir y elegirme como mamá.

¡Te amo!
Tu mama

¡Decretos!

Poseo una imaginación desbordante, un gran sentido práctico, una inmensa sensibilidad humana y artística, y carácter. Soy una líder poderosa, capaz; creo en mi derecho de nacimiento, que es estar totalmente saludable y llena de valor en cada área de mi vida, inmune a la crítica. Mi mundo contiene todo, nada me falta. Yo soy feliz, nada me preocupa, confío, la vida es amor.

Yo soy ordenada, mi vida es victoriosa y en paz; el dinero fluye fácil y frecuente. Vivo, agradezco, soy responsable de mi creación, tengo una existencia equilibrada; soy salud, soy un imán irresistible para la abundancia que me pertenece por derecho de nacimiento, disfruto de ese poder y doy las gracias. Amen, aquí y ahora. Todo es perfecto y fluye el amor y la paz, todo para bien. En armonía con Dios, conmigo y con toda la humanidad ¡doy gracias a Dios por ello!

Liderazgo

Reflexión

La meta de un líder amante de la naturaleza es ir donde nadie haya ido, tanto cumbres de montañas como acantilados o barrancas. Consciente de que va a encontrar peligros, serpientes y obstáculos, solo lleva consigo algo muy presente: valor, persistencia, pasión, convicción y una decisión que ha tomado y de la cual está convencido de que es la mejor. Por eso la disfruta, aun cuando es un reto; va hasta la cumbre de las montañas, «la cima», en busca de aves que vuelan alto, que anidan en lugares donde pocas personas han llegado, y encuentra águilas reales para admirar sus destrezas. Vence los obstáculos con sus valores, porque son la diferencia que aporta al mundo luz, cambio, libertad, evolución.

Creencias: «El suéter gris con negro»

Este relato que comparto es de una amiga especial y muestra un gran aprendizaje. Amigo lector, cuando amas o das algo con amor, ¿esperas recibir algo a cambio? ¿Tu amor es realmente incondicional?

Transcurría el mes del abril del año 1991. Ella estaba enamorada (¿de una ilusión, de la vida, del amor?) de su esposo, con quien estaba recientemente casada. Como tejía magníficas blusas y suéteres y hacía cosas hermosas con hilo y aguja, un día se le ocurrió hacerle un regalo a su flamante esposo: un suéter tejido por ella misma. Preparó todo, también el hilo gris y negro, y comenzó. Lo tejió con gran dedicación, entusiasmo y buen ánimo, con la ilusión de obtener su reconocimiento. Ella era co-dependiente, tenía la creencia de complacer a alguien más de quien esperaba aprobación (nada sabroso realmente, como lo entenderá el que lo haya vivido).

Por fin terminó un hermosísimo suéter grueso y esponjado, y se lo obsequió a su esposo. Él simplemente dijo nada. Ella lo guardó con devoción, con el deseo de vérselo puesto y de que le hubiera gustado el regalo que ella había tejido con sus manos enamoradas, deseosa de complacerlo con un detalle. Pasó un año, luego dos, tres… ella lo guardaba cada primavera con un dejo de tristeza, porque su esposo no lo había usado ni siquiera una vez. Así pasaron dieciocho años, y el suéter seguía esperando lucir su precioso tejido de eslabones dobles.

Entonces se le ocurrió una gran idea: regalárselo a alguien que le gustara y pudiera usarlo. Para ella era el recuerdo del rechazo total. ¿Rechazo al suéter o a ella misma? (falta de autoestima cuando buscamos reconocimiento). Creo que pasaron muchas respuestas por su mente, pero al fin se deshizo del precioso suéter. «Yo sé que en algún lugar hay alguien que lo está usando y que le gusta mucho», me dice con un suspiro cuando lo recuerda.

¿Cuántas veces esperas aprecio, amor de alguien en particular? En este caso era de su esposo, pero pueden ser hijos, padres, amigos, familia o hasta el perro. Mi invitación es a dar a cambio de nada, y sorprendentemente todo llega... Dar como si fuera a Dios a quien le regalamos el suéter, el obsequio, el detalle o cariño.

El amor regresa: somos el reflejo de lo que damos; por la ley de atracción, recibo lo que doy. Fue un gran aprendizaje para mi amiga y lo es para todas las personas que en algún momento esperamos aprobación. Estoy segura de que si hubiera dado el suéter sin esperar nada a cambio, lo que acabo de compartir no habría sucedido. Todo pasa por una razón: recordar lo que muy en el fondo del alma ya sabemos. Sin aprendizaje no hay crecimiento, esa es la ley de la vida; recordar día a día y, al mismo tiempo, crear nuestro presente o re-crear lo que ya es.

Reflexión

El odio disfrazado es la depresión reflejada en el rostro del olvido total de uno mismo, la soledad llena de angustia, el vivir en un infierno provocado por la insatisfacción. Si se elimina el juicio, la depresión desaparece. ¿Cuánta amistad tengo conmigo misma, con mi Dios interno? La ley de atracción es universal: la vida me trata exactamente como yo me trato a mí misma. Depresión es ausencia de mí misma, y el dolor de la depresión es un grito que me invita a tener un reencuentro con mi interior. La soledad y la depresión son como una cárcel para mi autoestima. La llave que abre la celda es la unión y la paz con mi ser interior y con toda la existencia.

Mi alma espera un reencuentro. Un gran abrazo con la única compañía que yo soy. Si soy generosa con todo el mundo y no lo soy conmigo misma, la generosidad no es real, es mentira. Primero empiezo conmigo, porque no puedo dar lo que no tengo. Solamente amo si primero me amo a mí.

El abismo aparece cuando veo con los ojos de los demás o no cuento con mi visión interior; se cae dentro de la oscuridad cuando se sostiene en manos ajenas. Nadie puede ser feliz por mí, todo es una creación mental. Por lo tanto, vivo en gratitud; todo es como es por elección mía en el proceso de crear o re-crear cada momento. Mi pensamiento es Dios, quien a través de mí da origen a todas las cosas que provoco y que suceden a mi alrededor. Nos da el poder de la elección, el libre albedrío. Soltar un pensamiento es crear: cambio emociones que no me apoyan por otras que sí lo hacen. La certeza y el buen humor elevan la energía a alturas donde somos intocables para el mal.

Encontrar aquello a lo que le temo es un excelente ejercicio para conocerme a mí misma y aceptarme. Los fantasmas son mis propias creaciones; me libero de cárceles inventadas, de los juicios formados por creer algo que nada tiene que ver con mi verdad. Si desaparece el juicio, se esfuma el miedo o temor, que es lo opuesto al amor. Existen dos ramas que se extienden juntas, como la luz formada de polo positivo y polo negativo. ¿El temor o el amor? Es preciso elegir.

El temor a la libertad transforma al varón o a la mujer en un controlador que se aferra a algo o a alguien. Se justificará siempre de alguna manera y vivirá en una burbuja de ilusión por no ser responsable. Cuando alguien se comunica con amenazas, generalmente es debilidad, porque tiene miedo.

Las creencias y costumbres son «excusas» empleadas para sostener lo inestable y débil de la fragilidad humana… permiten eludirse de la responsabilidad y del compromiso a uno mismo por lograr esto o aquello, sin imaginar que detrás de la responsabilidad está la libertad. Toda irresponsabilidad es la causa de trasladarse con dureza en el cuerpo físico, *etérico, mental, personal, emocional, espiritual, a nivel colectivo; cualquier cambio de cuerpo negativo o de pensamiento negativo recae en él. ¿Qué tengo en mi vida? ¿Qué estoy dando? El verdadero pecado consiste en no conocer y se agrava cuando falta el interés por saber. Es sencillo moverse al lado positivo; solo es necesario usar creatividad e imaginación para canalizar las energías en perfecto equilibrio.

Mis problemas están en el interior de mi ser; mi mundo exterior no es otra cosa que el reflejo de aquello que yo no pude aclarar en el diálogo interno para llegar a un conocimiento cabal de mi persona. No veo las cosas tal cual son, ¡las veo tal cual soy! ¡El mundo es un espejo que refleja la imagen del observador!

---

*   Etérico: depósito de todos los recuerdos de todas nuestras vidas; donde se acumula karma.

Inteligencia

La inteligencia de la cabeza no es inteligencia en absoluto, sino solo abundancia de conocimiento que hemos adquirido desde el vientre de nuestra madre hasta el sol de hoy.

Vivir en la cabeza, en la mente, es vivir en la ilusión. Vivir en el corazón y apoyarse en la cabeza cuando es necesario es inteligencia. Pero el centro del maestro está en el centro mismo de nuestro Ser: Dios. El maestro, el «amo», es el corazón; la cabeza, la «mente», un proveedor...

Tener esta relación en cuenta es inteligencia. Cuando la cabeza se vuelve el amo y se olvida por completo del corazón, inevitablemente nos llevará a lo negativo. Que nuestra brújula sea nuestro corazón. El espíritu, que es Dios, lo guía. Cuando una persona muere físicamente, su alma regresa a Dios según su evolución espiritual. En espíritu, nunca nacemos ni morimos realmente: ya éramos, ya somos y siempre seremos. Somos inmortales, morimos en lo físico para evolucionar, tanto en otro cuerpo como en un universo distinto. Somos extensión de Dios, creados a su imagen y semejanza. «Y Dios creó al ser humano a su imagen; lo creó a imagen de Dios. Hombre y mujer los creó» (Génesis: 1:27). Contempla la omnipotencia de amor universal: todos somos uno, y uno somos todos; formamos un solo ser.

Amar al Universo sin condiciones, cada cual con su propio espacio, nada se le quita a nadie. Si todos los días son «iguales» para ti, es porque has dejado de percibir las cosas buenas que surgen en tu vida, cada vez que el sol cruza el cielo. Por un momento observemos todo lo que hay a nuestro alrededor; es maravilloso apreciarlo, vivir en gratitud es una de las virtudes que atrae lo bueno en todas las áreas de nuestras vidas.

Tus pensamientos determinan tu experiencia. Nadie puede bailar tu baile, ni cantar tu canción, ni escribir tu historia. Solo tú eres el autor de tu vida. La elección es tuya, de nadie más. Deja de buscar responsables. Eres libre albedrío. Cuando alguien se cae, ni Dios lo levanta, lo deja ser. Tú eliges si te quedas ahí o te levantas, el poder está en ti.

A través de este espejo observo la vida. Tú puedes ver a través del tuyo. No pretendo que pienses como yo, solo comparto y tú eliges qué recordar o creer, qué hacer o no hacer… somos lo mismo en el hacer y en el no hacer. Tanto tu gran acción como tu inacción es bien y perfección, porque Dios es todo lo visible y lo invisible, lo que es y lo que no es. Cuando ves bien algo según tu juicio, ahí eres tú, tu creencia, tu juez o ego, pero no Dios. El miedo o juicio se debe a la creencia de algo en tu mente, de tu propia creación. Dios es todo amor, en todo sentido. Recuerda que tenemos libertad de elegir: un sí, un no, un hacer, un no hacer; nunca hay medios: es o no es.

La inteligencia es simplemente la apertura del ser. La capacidad de ver sin interferencia, de estar con las cosas sin ninguna idea preconcebida sobre ellas. Somos libres, testigos silenciosos, cuando callamos al juez (voz que molesta y critica). Disfrutando de las elecciones que hacemos a cada momento, dejando ir lo que se va y recibiendo lo que viene; es mejor lo desconocido que lo conocido. Perdamos el temor a la muerte, porque todo es eternidad. Transcendiendo el pensamiento, libres de creencias, de sombras, de mediocridad; dejando de juzgar para tener posibilidades, autosuficiencia y sencillez.

Aprovecha a vivir; las opiniones sobran por todas partes. Pregúntate: ¿naciste para complacer al mundo o viniste a complacerte a ti, a tu voz interna, a Dios? Una cosa es servir por elección, en humildad, por vocación; y otra es complacer a alguien más por el temor a la crítica, olvidándose así de la voz del alma (de sí mismo, de mí, de Dios en mí).

Cuando una persona vive en la oscuridad, es un muerto en vida, un zombi, alguien dormido. «Tienen ojos pero no ven, tienen oídos pero no escuchan», reza un texto bíblico (Mateo: 13:13). Por eso les habló a ellos en parábolas: «aunque miran, no ven; aunque oyen, no escuchan ni entienden». Esta es la oscuridad, se ha convertido en su hogar.

Todo es un maestro, un aprendizaje. Por mucho tiempo perdí energía, tiempo y vida buscando la perfección. Ahora entiendo que aquí y ahora todo es perfecto, y que el tiempo es mi vida. Por este motivo, dejo de buscar tanto lo alcanzable como lo inalcanzable. Ya no tengo que hacerlo, todo está ahí. Ese desapego incondicional engrandece mi existencia; llego a la conclusión, entonces, de que «todo ya es lo que es».

«No encontramos el alma, somos el Alma». Yo soy el pincel de mi vida, extensión de Dios. Por lo tanto, hoy es un mágico día que elijo, ¡disfruto vivir!

La inteligencia es permitirse sentir el viento, la lluvia y el sol. Es morir al pasado y olvidarlo a cada instante. Es permanecer fresco e inocente. Quedar en paz es ser inteligente. La inteligencia no tiene definición, es inconsistente, siempre fluye como un río y se mueve según las situaciones; es responsable.

¿Quién sabe algo acerca de mañana? El mañana trae su propia experiencia. ¿Cómo usamos la inteligencia? Si seguimos alimentando las convicciones, surgen los miedos y creencias…

Los caminos de la vida de un ser humano se asemejan a escaleras inclinadas hacia arriba o hacia abajo. Evidentemente, puedes utilizar una misma escalera para ambas cosas: subir a tu gloria o bajar a tu infierno por elección.

Ignorancia no significa ausencia de inteligencia, sino simplemente que no la has usado. Vivamos en presente, en profundo amor e intensidad. Las personas inteligentes empiezan a pensar por su cuenta y a convertirse en individuos…

La inteligencia necesita el cielo abierto, el viento, el aire, el sol, para crecer, para expandirse, para fluir. Las personas inteligentes son capaces de ver muchas falsedades en la sociedad, en la iglesia, en el sistema educativo. Se vuelven rebeldes. Son individuos valientes que viven en libertad, exponiéndose a la crítica por ser auténticos, aunque la sociedad ignora que el rebelde es inmune a la crítica; la inteligencia es suave como una rosa, de fortaleza sutil. Esta la característica de la rebeldía, que se subleva a lo falso, a lo aprendido que limita. El rebelde escucha su interior.

El ego

Ambición es «ego»; vivir en Dios es ignorar o soltar el ego. Cuando quieras saber quién eres, tendrás que abandonar todas las interpretaciones que te han dado (recuerda la reflexión de quemar el viejo barco del pasado). Quema de una vez todo lo que te han prestado, las creencias con las que te han domesticado, la mayor parte de las cuales limitan, mientras que Dios es ilimitado.

Desde niños recibimos un programa de domesticación que determinará nuestro desarrollo de vida. Crecemos con ideas impuestas sobre nosotros y sobre el mundo entero. La sociedad prefiere vivir en la mentira que enfrentarse a la «incomodidad» de ser auténticos. Complace a tu corazón, en armonía, ¿cuántas veces lo has ignorado, prefiriendo la mentira del ego o el juez de todo para complacer a la sociedad? La verdad está en ti.

El mundo no está fuera; eres el mundo, de modo que donde vayas «llevarás el mundo contigo». El verdadero cambio no tiene que producirse afuera, sino dentro. El ego es lo contrario a tu verdadero ser, es el engaño creado por la sociedad. Nadie sabe nada sobre ti, solo tú…

Los niños nacen sin ego; este es enseñado por la sociedad, la religión, la cultura; el ego es una mentira. La memoria y la inteligencia provienen de fuentes diferentes. La memoria forma parte de la mente, de tu cerebro. La inteligencia, de la no mente, de la conciencia.

56

Albert Einstein, el célebre científico, no tenía buena memoria ni sabía mucho de matemáticas; sin embargo, plasmó su inteligencia en la humanidad. Las personas inteligentes siempre han sido difíciles y nunca se doblegan ante ninguna ignorancia. Por el contrario, la sociedad está llena de supersticiones, tonterías que se utilizan en nombre de quien las dijo (a veces, la iglesia política o la religión).

Desde la infancia se nos condiciona para ser prisioneros. Las creencias esclavizan y crean una celda sin que nos demos cuenta. Nacemos sin ropa ni nombre, pero inmediatamente comenzamos a usar lo que otras personas nos ponen o enseñan: empieza la domesticación sin preguntar si se quiere o no; son cadenas que se transmiten de generación en generación. Crecemos y somos tan bien entrenados que nos fallamos a nosotros mismos. Yo me pregunto, ¿dónde quedó el libre albedrío? Ahora que hemos madurado, en el sentido de ser conscientes de que nuestros antepasados o padres nos dieron lo mejor que pudieron, somos responsables de elegir y de saber si hacemos las cosas o no, sin culpar o atribuir mis acciones a alguien. Existe una gran diferencia en actuar porque escucho mi corazón, escucho mi alma, porque elijo.

El amor empieza primero por mí; así es como yo puedo amar. Vivir en la luz es una elección; si yo cambio, se transforma mi mundo.

Seamos niños. Un bello pasaje bíblico nos exhorta: «Tienes que ser un niño para entrar en el reino de los cielos» (Lucas 18:16). Jesús llamó a los niños y dijo: «Dejen que los niños vengan a mí y no se lo impidan, porque el reino de Dios es de quienes son como ellos». «Les aseguro que el que no reciba el reino de Dios como un niño, de ninguna manera entrará en él…» (Lucas 18:17).

Siendo así, inocentes, perdonadores, auténticos como los niños; ellos son nuestros maestros, se caen y en pocos minutos olvidan la caída y vuelven a sonreír, ven la vida con asombro y alegría, viven su presente. El Reino de los Cielos es entrar en «casa», en mi interior, donde es Dios en mí y yo en Él; vivir en el cielo, vivir conscientes en paz, amor y bendición, en aceptación y agradecimiento del presente.

Cuando esto no sucede, vivimos en la creencia de ser adultos, en el sentido de que no nos permitimos cosas. La invitación a ser niños posee un sentido figurado: ser niños interiormente, en la pureza e inocencia de las cosas, viviendo en el asombro de lo bello y de lo excelso, en exploración disfrutando del universo. Privarnos de esto es vivir en el infierno por elección, producto del monstruo de las mentiras que limitan y a las que damos vida y alimentamos al creer en ellas. Entonces las sentimos como reales, pero todo eso es sufrimiento inútil.

Lo único que existe para mí es mi presente y estoy en el perfecto tiempo. ¿Soy consciente de las enseñanzas que estoy compartiendo con mis hijos? ¿Son bendiciones o creencias que no sé de dónde salieron y que sigo repitiendo aunque se basan en nada, duplicando el virus del dolor y las prisiones? ¡Alto!, le digo a mi vocecita y dejo de alimentarlas, porque soy consciente de que son mentiras. Por este motivo, hoy declaro que dejo para siempre el hábito de escuchar el falso yo...

Decreto

Ahora me integro en mi ser, despierta día a día, el sol ilumina mis ojos internos y elijo un camino nuevo. Me observo como testigo silenciosa: estoy en proceso de transformación o evolución, tengo caídas y, como los niños, me levanto de nuevo, con una sonrisa. Soy alumna de mis aprendizajes mas allá de la luz, soy consciente de que el proceso del perdón es el amor. Dejo de ser juez, acepto el momento; todo ya es, suelto y agradezco... Que la transformación haga su parte en mí y en todos. Con un bello propósito, una humanidad libre del pasado, siendo amor.

Las creencias que nos causan sufrimiento o conflicto son el ego; tan falso es que, cuando se deja de creer, no existe. Es una mentira, un parásito que hay que dejar de alimentar, porque vive en la persona, agotando su fuente de luz. Es un fantasma que desaparece con solo ser descubierto. El sentimiento de culpa, entre otros, alimenta el ego, lo refuerza.

Las creencias aprendidas nos limitan cuando creemos en algo que no vimos ni vivimos, y solo lo aceptamos porque nos dicen que es así. Este parásito que se alimenta de tu energía emocional está conectado al cuerpo del dolor (cuerpo colectivo) o sufrimiento, y se le da vida cuando cargamos con el pasado; es un ser creado con todo el pasado acumulado, son emociones malas, negativas, que salen y se sienten como el primer día que se han vivido.

La mente no distingue el pasado ni el futuro, solo actúa en automático. Para ella no hay verdad ni mentira, ni distinción entre lo real y lo irreal. Se le da vida creyendo en ello, en lo que se ha aprendido, y la creencia o ego se encarga de darle nombre o de juzgar determinada cosa. Callemos y eduquemos al ego (juez) que tiene la costumbre de hablar sin permiso solo de cosas que nadie vio…

Creencias

Las creencias son más poderosas que la realidad. Hemos escuchado por ahí que es más fuerte la costumbre que el amor.

Dejemos de alimentar el conformismo, la mediocridad, esa co-dependencia que es regalar nuestro poder. Somos amor, abundancia y bendición. Compartamos nuestros talentos y seamos misioneros del propósito de vida. Vivamos alertas a los mensajes y a la sincronización del Universo; son pistas que se han de seguir en nuestro viaje. Que transitemos nuestro camino con un equipaje liviano, después de haber soltado el pasado. Disfrutando de las bendiciones y de los aprendizajes o lecciones en gratitud.

Reflexión

Hoy comienzo y diseño mi vida. Elijo mis pensamientos. Presente, consciente responsable, bendigo el bien en mis pensamientos, doy gracias a la conciencia divina porque alinea mis resultados en amor y paz, en beneficio mío y de toda la humanidad. Mis mejores deseos para el mundo, ahora y siempre.

«Sé luz para ti mismo». De este modo, vas conectando o sincronizando con otras luces y te vuelves una sola luz poderosa, inmensa, infinita para quien decida unirse a esta nueva era de renovación de conciencia. Cada alma elige la rapidez con la que desea progresar, unidos en el amor hacia todo y hacia todos. Todo hacer trae consigo una gran lección, experiencia y conocimiento.

«Responsabilidad es respuesta y habilidad». Soy hábil para responder, espontánea; independientemente de la situación, doy una respuesta gozosamente con todo mi ser y con intensidad. Un rebelde renuncia a su pasado, actúa con lucidez y hace todo bien.

Por primera vez más gente ha madurado, ha dejado de confiar en las creencias y en las supersticiones que limitan. Si bien hay algunas buenas, el problema son aquellas que limitan y causan daño y sufrimiento.

Explora toda la existencia sin conceptos, ni prejuicios, ni filosofía; es tuya. La vida se vuelve emocionante porque cada paso te lleva a otra encrucijada. Si no conoces el infierno, nunca podrás saber qué es la gloria; la oscuridad es el camino para conocer la luz. «La oscuridad es el nacimiento de la luz».

Para conocer la verdad como verdad, el camino atraviesa la experiencia de conocer lo falso como falso. Es preciso transitar muchos senderos erróneos hasta llegar al correcto.

El amor

Hoy comparto mi interpretación sobre el amor: para mí es libertad, independientemente de cualquier creencia y respetando siempre toda forma de pensar, religión o credo. Si yo elijo amar, amo; nada me pertenece, simplemente es una elección que hago consciente, pues el amor es aceptación de lo que es, de lo que no es y de lo que nunca será. Amar es distinto de poseer.

¿Qué sucede cuando se casan o se unen dos enamorados? El hombre o la mujer pasan de la protección a la posesión al expresar «esto es mío, me pertenece». Solo con decirlo está declarando posesión. Sin embargo, se deja de cuidar y de amar algo que «supuestamente es mío» y empieza a pesar más el compromiso que el verdadero amor. Son creencias falsas que atan a una persona a vivir un infierno, que limitan y dañan una relación. Es un enemigo silencioso, pues nadie puede obligar a una persona a hacer algo en contra de su voluntad. Cuando la pareja se enamora, resulta bastante natural ser reflexivo: se pasan las horas soñando con el ser amado, preguntándose a uno mismo qué estará haciendo, ensayando o pensando frases admirables para decir, disfrutando de los dulces recuerdos y de los momentos que pasaron juntos. Luego se dice: «no puedo dejar de pensar en ti».

En la mayoría de las parejas, todo eso termina después del casamiento: (hay excepciones de relaciones en pareja extraordinarias lo sé) el esposo obtuvo su trofeo y la esposa, su hombre, como si sola no valiera y con una pareja adquiriera ese valor. La emoción del romance se consume hasta transformarse en una relación gris, y la motivación para mantener el amor se enfría. Poco a poco, la prioridad es el trabajo, los amigos, sus problemas y deseos personales; luego de un tiempo (para unos más rápido que para otros) se comienza a ignorar las necesidades de su pareja sin advertirlo y al rato se lamenta de perder la oportunidad de demostrar amor. La falta de consideración es un enemigo silencioso para una relación amorosa.

La mujer y el varón ven todo con lentes distintos: mientras el hombre no expresa sus emociones, la mujer piensa y habla entre líneas, insinúa. Si una pareja no entiende estas diferencias, pueden sobrevenir desacuerdos interminables. Se necesita una manera extraordinaria de comunicación y aceptación por parte de ambos, pues el amor es de dos, en compromiso conmigo mismo y por elección. En algunos casos se llega al extremo de descuidar el amor de pareja solo porque ya hay un documento firmado. Es esencial la atención de uno a otro «despierta» para proteger y cuidar el amor. Una excelente pareja no habla tanto como la gente cree, sino lo suficiente para mantener vivo el interés.

Amor es confiar, fluir libre de fuerzas externas. Nadie puede quitarte nada cuando eres correspondido. Si lo sabes y eres consciente, cuidarás ese amor como una flor, sin posesión; en absoluta libertad, volando juntos pero nunca atados, unidos en amor con una visión compartida… (El amor estable que puedo concebir es aquel que surge de los acuerdos, en amor de pareja y por la afinidad en algunos intereses básicos). En el amor maduro y bien estructurado nadie es de nadie… solo es.

El amor es libertad

La mayoría de las personas perdura por el odio. Se está perfectamente bien al ver violencia, por ejemplo, pero ante un abrazo, un beso o una persona que ama, la sociedad siente miedo. ¡Se espanta!

Les comparto algo hermoso que practico cada mañana: salgo a conversar con la naturaleza que yo soy, camino alrededor de 45 minutos logrando (canalizando) una paz extraordinaria en mí. Luego, si el día está soleado, me siento en la tierra, en un árbol, con mi rostro frente al sol, los ojos cerrados, y realizo una especie de meditación con los colores. Un día, un joven podador de árboles me preguntó, preocupado: «¿Puedo ayudar en algo? ¿Necesita ayuda?». Saliendo de mi exploración majestuosa le respondí con una sonrisa: «No, gracias, estoy bendecida, tomando baños de sol». Él se retiró, confundido. Algunas personas ven pasar los días y no son conscientes de que nos acompaña un astro rey, el sol, con su luz y su calor para todo el universo que somos todos.

Seamos libres de todas las creencias negativas que nos limitan y que no nos permiten apreciar las maravillas de nuestro reino. Debemos cambiar nuestro estado consciente, crear más energía meditativa (meditación) en el mundo; así, tendremos más sentido del amor.

Es preciso destruir lo viejo: el pasado con sus creencias, su fealdad, sus ideologías falsas, sus tontas discriminaciones y supersticiones. La discontinuidad con el pasado es el sentido

63

de la rebeldía. Las antiguas religiones esclavizan. La sociedad está dividiendo a la gente, creando una dualidad en la mente de las personas. Es una manera de explotarnos unos a otros, una forma de perder-perder. Las religiones son buenas si las consideramos como una base familiar para mostrar a nuestros hijos nuestra fe o nuestra verdad, según nos enseñaron o aprendimos. La cuestión reside en la interpretación o uso de la religión: si hablo con un creyente católico, la verdad para él estará en su creencia, y lo mismo ocurrirá si mi interlocutor es un cristiano o un budista: la verdad para cada uno de ellos estará en su religión. Mi invitación es a respetar todos los credos, independientemente de las opiniones, con una mente consciente, y a unir nuestras oraciones al Todo, Dios. Todas las personas tenemos derecho a la libertad de pensamiento y de conciencia, que incluye la libertad de religión o de creencia, así como la de manifestarla individual o colectivamente, tanto en público como en privado. Podemos creer en lo que queramos si no violamos el derecho de nadie.

Todos somos hermanos, misioneros de muchas maneras con una sonrisa, con una mano amiga, con una palabra de aliento. Todos traemos una misión o propósito de vida, que podemos llamar el «Dharma». Formamos un solo cuerpo, vivimos dentro una matriz universal donde lo bueno nos beneficia y lo malo nos daña a todos. Por ejemplo, no solo los fumadores se perjudican, sino también los que no fuman y se ven afectados por el humo, pues la física cuántica nos enseña que todos respiramos el mismo aire. Por un momento imaginemos un cuerpo humano: todos los miembros que lo forman son importantes y hacen que su funcionamiento sea perfecto; nadie es más o menos, pues todos tienen una función especial. ¡Qué gratitud hacia el Todo, hacia Dios, con un buen trato, cuidado, descanso, comida, ejercicio, meditación! Cuidar de Todo: así es el respeto y amor que debemos desarrollar hacia nosotros mismos y hacia toda la humanidad, porque todos los seres humanos se encuentran dentro de esa matriz universal formando un cuerpo, Dios.

Todo es energía, evolución cada instante de vida latiendo. Te invito a inspirarnos en los árboles, que nunca compiten, solo son; aceptan y evolucionan con cada cambio (las estaciones), sin reclamos ni competencias. Eso es libertad, eso es amor. Aprendamos y practiquemos el amor en todo sentido, donde te encuentres; Dios es todo...

Si eres desde tu interior hacia tu exterior, eres libre, independiente, íntegro.

La sociedad es un sistema de creencias para esclavizarte; crea un conflicto dentro de ti para que empieces a pelear contigo mismo; te invade el sentido de culpa, que no te permite considerarte un ser humano real y auténtico.

¡No hay otro Dios más que la existencia misma!

Amor

El abrazo nos proporciona un contacto inmediato con nuestro niño interior y con quien abrazas. Es importante darnos abrazos con calor, que son verdaderos si nuestro corazón fluye con quienes abrazamos. Al hacerlo establecemos un contacto inmediato con el niño interno, cuya inocencia es siempre sana y espontánea. Habremos llegado al corazón mismo de la persona si logramos que ese corazón virgen vuelva a latir con vida suficiente, iniciando un proceso de curación, liberándolo. Analizar es el camino de la mente (criticar); abrazar, el del corazón. Mientras la mente es la causa de todas las enfermedades, el corazón constituye el origen de toda curación.

Hago un llamado especial a toda la humanidad para que nos abracemos a la verdadera fuente de poder, a la invencible y eterna naturaleza; esto incluye a todos los seres humanos, ya que somos parte de ella.

Poesía

¡El sol salió para invitarte a vivir! Que la pena se muera de risa; vuela, sé feliz. El día huele a jazmín, la mañana está recién bañada con brisa fresca. Tu cuerpo es el viento.

Rebelde o revolucionario?

«Nuestro cuerpo está compuesto por fuego, agua, aire y tierra» y retornará en estos elementos; nuestra alma es eterna. Vivamos en un mundo libre de religiones y de naciones, sin guerras ni luchas innecesarias por cosas que nadie ha visto; en paz. Amo mi forma de ver la vida; «no son ustedes, yo soy».

Un proverbio señala: «Dios mueve el cielo entero en lo que el ser humano es incapaz de hacer, mas no mueve una paja en aquello que la capacidad humana puede resolver». Y otro enseña: «Es mejor ser rey de tu silencio que esclavo de tu palabra». Las palabras tienen poder, úsalas sabiamente. Me vuelvo persona silenciosa, reflexiva, amorosa.

Para mí, ser libre es ser responsable. A nadie puedo culpar, porque si soy libre, soy responsable de mí. Libertad es madurez, y solo es posible cuando estoy integrada en mí misma, cuando puedo asumir mi responsabilidad de ser libre. El mundo no lo es porque la gente no es madura; libertad es ser consciente de la propia libertad, es evolución de conciencia.

Rebelde no es quien reacciona contra la sociedad, sino la persona que comprende su juego y simplemente se escabulle. Eso es la belleza de la rebeldía, es libertad. Por el contrario, el revolucionario no es libre. ¿Cómo va a serlo si continuamente está luchando, reaccionando contra algo? ¿Cómo va a haber libertad en la reacción?

Libertad es comprensión, perdón, permanecer sin ningún apego a la creencia, sino al corazón. La sociedad desaparece para el "rebelde". Puede vivir en el mundo o salirse de él, pero ya no pertenece a este ámbito, le es ajeno, vive en casa o en su cielo, aun aquí en la Tierra.

Nieve

Meditación de una hermosa mañana de pureza blanca: infinita e inocente, la lluvia de nieve cae del cielo inmenso como el mar, no tiene principio ni fin, es mágica. Cae la lluvia con ternura y delicadeza, casi inadvertida, con la suavidad limpia y tierna del amor de Todo. En armonía… El tiempo se detiene; hay luz por toda la ciudad luz maravillosa que enciende la pupila de mis ojos.

Vivo desde mi interior momentos de éxtasis sublimes, de felicidad, de equilibrio perfecto; vivo en gozo continuo, alabando en cánticos de amor; hay magia en todo lo que miro y percibo a cada momento. La trascendencia está en la transformación en acción, en la libertad de ser lo maravilloso de la existencia.

Agradezco al cielo, a mi Cristo interno, la canalización divina, el poder percibir amor; vivo en gratitud, disfruto de la hermosura de mi bello espejo.

Decreto

Yo soy la creatividad de Dios en mí, la libertad para crear, para ser o no ser; libertad para expresarme, para cantar mi canción, para bailar mi danza. Recibo y aprecio el esplendor de la vida; tengo oídos para oír, ojos para ver y un corazón para sentir. Estoy plenamente viva, mi antorcha alumbra, vivo intensamente, vivo en totalidad.

70

La domesticación

Soy madre de cuatro maravillosos hijos: dos mujeres y dos niños; sus edades, diecinueve, quince, ocho y siete años. En el proceso de mi vida, nunca estuve tan consciente de la domesticación como ahora, con Kevin, mi hijo más pequeño. Ante un niño que es tan feliz, libre, expresivo, perdonador, yo me pregunto: ¿en qué momento empiezan las grabaciones por parte de los padres, los sistemas religiosos, la cultura, la política, el gobierno de las creencias aprendidas que la mayoría de las veces nos limitan?

Las grabaciones prestadas y aprendidas comienzan desde pequeño, en el vientre, en el hogar y luego en el sistema escolar: los maestros ordenan y el alumno obedece. Mi hijo lloró durante casi seis semanas, en el comienzo del año escolar, porque se resistía a ser disciplinado; no toleraba que un extraño le ordenara lo que debía hacer. Observa a tus pequeños y date cuenta de lo dañino de la domesticación… Si no hay conciencia, la mayoría de las veces se marca para siempre. Es un sufrimiento interno que el niño refleja cuando advierte que sus padres son cómplices de un sistema de creencias basado en la nada. Se pierde completamente la libertad desde pequeños y luego, de adultos, cuando la grabación ya está bien hecha y la domesticación ha echado raíz, la queremos.

La perfección, la esencia de ser, se comienza a cubrir con capas: creencias, paradigmas, perjuicios, mentiras (acuerdos). Hasta que llega un momento en que la libertad y la

71

inteligencia son atacadas por este círculo de la domesticación (sistema de creencias) que acaba por controlarlo todo. Así se van sucediendo las cadenas que crecen y se refuerzan, y el individuo cede, inconscientemente, su poder al monstruo las creencias. Pero su esencia, su perfección, está ahí, pura, libre, perfecta; solo es preciso ser consientes, deshacerse de todo ese mitote. ¿Cómo hacerlo?, me pregunto tantas veces.

Practiquemos la metáfora de la estrella de mar: un niño recolectaba estrellas a la orilla del mar y luego las lanzaba una a una a sus aguas. Un día alguien le dijo: «¿Sabes cuántas estrellas hay en el mar? Nunca terminarás de salvarlas a todas». El niño tomó una en sus manitas y respondió: «Si la arrojo mar adentro, para esta ya hubo salvación». De persona a persona se hace la diferencia. Si cada uno de nosotros es responsable, se creará un movimiento de conciencia; compartiremos con otros padres que quizás saben y observan desde el corazón evolucionado. Comenzando con nosotros mismos, pronto veremos cambios extraordinarios en todo; con nuestra luz y amor somos antorchas para iluminar otras vidas dormidas, para inspirar a vivir. Somos fuente de amor para otras personas, recordando siempre que todos somos de una misma fuente. Insisto: todo lo que sucede a mi alrededor me beneficia o perjudica.

Te invito a ser misionero en la nueva era de un nuevo amanecer, un nuevo despertar a la vida, consientes de que la creencia es aprendida; todo es prestado. Escucha, observa la brújula del corazón, tu espíritu, tu yo interno, tu propio cielo, tu gloria, tu paraíso. Deja de complacer a un mundo que no siente por ti; solo tú sabes lo que quieres, sientes, amas. Por primera vez, vive por ti, ama por ti, siente por ti. Empieza contigo para poder dar, pues ¿cómo dar lo que no tienes?

Te invito a escuchar y a observar a los niños; aprende de ellos, son maestros. Su esencia es hermosa para aprender: empapémonos y sorprendámonos de su sabiduría, de su amor, es un gran aprendizaje.

Para que surja nuevamente la inteligencia, se requiere una vida llena de retos, de aventura, que sepa arriesgar y entrar en lo desconocido. Sé una luz en ti mismo y serás sabio. Quien se cree seguro pierde la emoción y no tendrá luz en su vida, sino que esta será una rutina muerta (estar cómodo pero sin emoción).

Declaro: yo soy (diga si es varón o mujer y su nombre). «Yo soy libre de todas las creencias aprendidas, negativas, limitantes, para mi vida. Yo soy independiente, yo soy único(a); elijo el bien para mí porque yo soy libertad de elección… Yo soy el amor de Dios en acción».

En el viaje real de la vida, tu intuición es tu único maestro, tu guía está dentro de ti. No hay necesidad de cambiar el mundo: cambia tú y este empezará a cambiar. Así te convertirás en el punto de despegue de un movimiento que dará luz a la humanidad. Si puedes conmoverte ante la belleza y la poesía y eres creativo, significa que tu amor ha florecido.

Un hombre lúcido responde con su totalidad, no se guarda nada. Por esa razón, nunca se arrepiente ni se siente culpable; hace todo lo que debe hacerse y lo termina. Vive cada momento total y completamente. La vida sucede cuando la aceptas de manera incondicional.

El cielo está disponible para ti; nunca aceptes menos, pues es tu derecho de nacimiento volar a los más remotos rincones de la existencia. Goza, disfruta, celebra todo lo que te ofrece la vida. La verdad se alcanza durante tres estados (o evoluciones): asimilación, independencia y creatividad.

Reflexión

Me gusta la metáfora que un sabio amigo (Chaman) compartió conmigo al referirse al proceso evolutivo del ser humano. En la etapa de la *asimilación*, dijo, podemos compararnos con una larva que carece aún de forma definida.

En la etapa de la *independencia* nos asemejamos a una oruga, un ser en pleno desarrollo. En la etapa culminante, la *creatividad*, somos como una mariposa, un ser en su esplendor.

Larva, oruga, mariposa = camello, león, niño. ¿Con cuál de estas etapas te identificas?

El camello (asimilación) acumula agua y comida para el camino del desierto, vive en el pasado (conocimiento, miedos, creencias, sociedad, religión, cultura), en lo que daña y causa sufrimiento. No disfruta ni celebra, porque vive controlado. La comida y el agua se guardan y se digieren en el camino: es la asimilación, al pasado hay que digerirlo…

El camello no sabe decir que no, solo obedece por sus temores e inseguridades de su pasado o domesticación. Por eso sufre, está en contra de todo lo nuevo que lo asusta. "La represión es la mayor calamidad que le ha sucedido al hombre".

El segundo nivel evolutivo está representado por un león (rebelde): ruge, se rebela a todo lo que hace el camello, deja de creer en las verdades aprendidas y limitantes, es ateo, rebelde y desafiante ante la autoridad; ya es consciente de su singularidad, sabe que es único e irrepetible. Cree en el futuro, deja de ser conformista y empieza a moverse; quiere un mundo nuevo, es independiente. Para los camellos, el león es un «loco», porque se atreve a hacer lo que ellos no harían: entra en una especial evolución. ¡Descubre su propia luz! (lo nuevo solo existe cuando lo viejo ha dejado de existir; lo viejo tiene que morir para que exista lo nuevo).

El tercer nivel evolutivo es el niño (maestro). Es un sabio creativo, inocente, libre, que vive asombrado ante todo lo bello y lo excelso. Nada lo afecta, no teme a nada y vive arriesgándose, se atreve a no quedar bien con nadie, excepto con su corazón. Si se cae, se levanta, sonríe y olvida. Solo vive el momento; nunca se preocupa, confía, cree, es perdonador, ama la vida, vive el presente, aquí y ahora, lo agradece y lo disfruta. Con inocencia, sin pensamiento…

Mensaje de meditación

Solo cuando te quedas desnudo eres tú mismo.

Todos los ropajes son inventos sociales.

Cuando estás en el presente sin pensar, eres espiritual.

Dejemos que los muertos entierren a sus muertos, la culpa es un truco de la mente.

Da al cuerpo lo que necesita: buena alimentación y ejercicio. Agradece su servicio y a la mente lo que requiere, y verás que serán muy amistosos "mente y cuerpo".

Medita y vacía tu mente de todo (creencias).

Decreto: "La sabiduría de la naturaleza"

Los bellísimos árboles, fieles a su ser, disfrutan del invierno con sus ramas desnudas, porque se han renovado, han arrojado (soltando) sus hojas (el pasado) en paz y armonía. En este proceso, ven llegar una bella primavera con sus nuevas vestiduras (sus hojas); confían en que todo llega, todo ya es y todo ya fue por derecho de nacimiento, solo viven el presente.

Reflexión

Bellísima tarde de poesía en mi silencio y en soledad. Me recuesto sobre mi cama, consciente de mí, despiertos mis sentidos a mi entorno. Escucho mi respiración, tesoro de la vida, y el sonido de un avión en vuelo, al que imagino cruzando el cielo; envío amor y bendiciones a sus pasajeros, al capitán y a la tripulación, al mundo que me rodea, a toda la humanidad.

Disfruto de la noche apacible, serena; escucho los animales nocturnos: grillos, búhos, toda clase de insectos. El universo es perfecto: la belleza, mi espejo, el ruido del juego de mis niños sumidos en su inocencia total, gozando como si todavía no hubiera llegado la noche. El tiempo no existe; somos vida, energía, amor. Mi corazón late con fuerza, como si quisiera decirme «estoy aquí, nunca lo olvides». Mis ojos son dos luceros observadores, testigos silenciosos, con chispa de luz y vida; mi mano derecha escribe a la orden precisa de cada bello pensamiento que ordena mi genio (mente). ¿Quién dirige este barco de aventura? ¿Mi ser, mi esencia, mi espíritu, mi alma, mi consciente?

Soy el amo consciente, presente, responsable. Doy gracias al creador, al tiempo, a la vida, a la tierra, al viento, al fuego, al agua; gracias eternamente por la oportunidad de la vida, en esta y en otras vidas, por mi evolución y transformación constante, por la energía, por la alegría, por mi sonrisa, porque soy de todo y soy de nada. Conforme aprendo, más cuenta me doy de que solo sé que no sé nada, solo recuerdo.

Sabiduría

La mente es un buen sirviente de inmenso poder en manos del silencio. ¿En qué condición está tu capitanía? ¿Te ordena tu mente o tú la ordenas? Es una entidad al servicio del espíritu a la que a veces le damos el poder, aun cuando no lo tiene. Pongámosla al servicio del ser, del espíritu, de la sabiduría, del alma. Entonces el ser será el amo que puede utilizar la mente cuando la necesite y podrá desconectarla cuando ya no se la precise.

Reflexión

Sin la mente, vives en paz, en amor. Al vivirlo, el silencio crece, se profundiza; tu felicidad tendrá alas y empezará a ser una dicha, una bendición. La mente es una de las cosas más importantes de la vida, pero solo como servidora, nunca como ama. Recordemos que nuestro ser (Dios) está en primer lugar; luego, nuestro corazón y, por último, la mente. La casa, para la mente, es solo una casa; para el corazón es un hogar; para el ser, un templo.

Los niños nacen sin la mente. Los padres, profesores, sacerdotes, el sistema educativo lo preparan para que tenga una «mente» determinada y transcurra toda su vida con ella. Es una vida prestada y, por este motivo, existe tanto sufrimiento en el mundo; nadie vive auténticamente su propio ser, sino que obedece las órdenes que le han implantado. Te invito a observar tu entorno: fíjate la prisa que lleva la gente, todos andan contra el reloj. Pero ¿qué persiguen? Si hoy se terminara la vida, ¿qué pasaría? ¿Qué nos llevaremos? ¿Dónde queda la prisa? Esta búsqueda es como perseguir al viento; nuestro hogar y nuestro templo están en nuestro interior, en nuestro corazón y en nuestro Ser. El ego es el cautiverio, y su ausencia, la libertad.

La muerte a no apreciar la vida es una cárcel. Por el contrario, en la muerte de la mente tendrás alas para volar hasta el cielo, que será enteramente tuyo. Es el mayor descubrimiento de la vida, el tesoro más preciado.

Frase: sabiduría y conocimiento sin acción sirven de nada. La responsabilidad es solo tuya. Naciste solo, sin nada, incluso sin nombre; nada es tuyo y tú eres de nadie. Hablando en el sentido figurado de la materia y de la física, somos polvo y al polvo volveremos. Somos los cuatro elementos: tierra, agua, aire y fuego; también éter, pensamiento, inteligencia y ego, pero detrás de todo esto existe un velo y luego el espíritu o alma, la chispa divina que pertenece a Dios. Pero físicamente quedamos en olvido, en la materia, como un sueño o una ilusión...

El deseo de poder es la peor enfermedad que padece el ser humano; surge de un vacío en el interior. El individuo sin deseo de poder es una persona satisfecha, feliz, tranquila, contenta con lo que es, acepta todo como es. Su ser mismo expresa una inmensa gratitud hacia la existencia; no tiene más que pedir, lo disfruta todo. Es un regalo de la abundancia de la naturaleza. Admira y aprecia una noche, una estrella. Esa es la verdadera independencia. Sentirte cómodo con tu nada es poder. Desapareciendo todos los conflictos, las tensiones, las preocupaciones; habrás encontrado la fuente de vida que no conoce la muerte. Llámalo amor, silencio o dicha.

Únicamente el cambio, la transformación interior, te proporcionará la paz de donde brotará la alegría, el canto, la creatividad, la acción, el amor por toda la humanidad, por el universo total. Procura centrarte para pasar de la mente a la meditación, de los pensamientos al silencio. Apenas hayas probado tu ser interior, se desvanecerá todo deseo de dinero, de poder. No existe comparación posible. Habrás encontrado a Dios mismo dentro de ti. ¿Qué más puedes desear? Vivirás en un éxtasis continuo.

Quien vive para conseguir algo jamás encontrará paz. Seas quien seas, podrás disfrutar del éxtasis supremo aun en el poder de la riqueza o en la pobreza material. Puedes ser un don nadie incluso si posees todos los tesoros del mundo... Porque no están en el exterior: la plenitud radica en lo íntimo del ser.

Mi deseo del corazón es que seamos un océano de serenidad, paz, silencio, amor.

Opinión (creencia): igualdad de sexos

¿Por qué en algún momento se ha proclamado la inferioridad de la mujer en el mundo entero? Porque era la única manera de esclavizarla. De lo contrario, habría habido problemas; había que convencerla de que era inferior...

Si bien esta creencia tuvo valor en algún tiempo, ahora carece de fundamento. El Universo crea con la madre y padre comenzó con la madre (Dios femenino y masculino), porque todos venimos de una madre (en el espíritu no hay dualidad, Dios es femenino y masculino, uno solo). Por este motivo, venero esa parte mágica femenina, sensitiva, que nos hace únicas a las mujeres como matriarcado. Los hombres también lo tienen o traen en su esencia solo que no se nos enseña a venerar en sí mismos de esa manera. En efecto, en la mitología griega, la Diosa mujer era venerada (todavía lo es, y lo será, en muchos lugares) con gran respeto; luego sobrevino la guerra de poderes y creencias que cambió todo. Sin embargo, en el Ser habita un solo cuerpo femenino y masculino; todo ser viviente, toda vida se compone de femenino y masculino. Nunca entendí el motivo de esta presunta inferioridad. No tiene sentido, ya que en el Ser no existe dualidad.

Viejos programas

De alguna forma parece que todos somos responsables: es un círculo vicioso. Pero no somos los únicos: también lo son quienes triunfan ambicionando y enfocándose solo en el dinero, porque inculcan a las nuevas generaciones estos intereses e influyen en la mentalidad de todos. Muchos son víctimas de las ideas que se les imponen.

Un niño nace sin ambición de nada, sin deseo de poder, sin idea de lo que es el bien o el mal. Lo dañan quienes lo educan (me refiero aquí a cualquier sistema de educación). Cuando llega su turno y se hace adulto, a veces puede dañar a otros. Es un círculo vicioso. ¿Dónde romperlo en la sociedad, en la iglesia, en la política?

La gente ya está programada, explotada, domesticada y dominada. Sufre, es desdichada, no hay nada que la despierte, está profundamente dormida. Tiene ojos y no ve, tiene oídos y no escucha. Cada uno tiene su momento, su hora; cuando el alumno está listo, el maestro llega. Hay quienes viven dormidos toda su vida. El que tenga oídos que escuche. Observo y, de alguna forma, lo hemos vivido: he aprendido que la crítica es muy perjudicial en muchas maneras. Recibir el mensaje es lo importante, no el mensajero.

Si dejáramos de criticar y de juzgar, si fuéramos amor en todo sentido, la humanidad sentiría nuestro amor, porque lleva siglos dando vueltas a lo mismo. Logremos una transformación, rompamos el círculo vicioso de las creencias.

Enseñemos a nuestros hijos sin condicionamientos, con inteligencia para ver y ser capaces de apreciar la tierra como un todo. Podremos vivir así en un mundo libre de religiones y de naciones (en el sentido de que todos somos hermanos), sin guerras ni luchas "innecesarias" por cosas que nadie ha visto…

El camino es la transformación. No es necesario reprimir nada. La energía natural fluye hacia la transformación, y esta ocurre solo cuando aceptas tu ser natural. «Sentirse culpable equivale a ser irreligioso». El poder, el prestigio y las riquezas son jaulas, prisiones; si no se es consciente, nos impiden avanzar espiritualmente. Cuando se atiende y alimenta el espíritu, se trasciende; entonces se puede tener riquezas, porque se vive desapegado de todo lo material; entonces se tiene, se disfruta, se comparte en una trascendencia maravillosa.

Nuestra alma quiere ser libre, pero la libertad es peligrosa: no tiene seguro. Libertad significa andar por el filo de un barranco a punto de caer en un abismo, en peligro a cada momento; lo desconocido es un desafío, por eso algunas veces la comodidad nos impide proponernos metas. En la experiencia de la libertad hay un tesoro inmensurable. Crea certeza para amarnos de valor y así poder lanzarnos a lo desconocido.

La felicidad que vives y sientes es solo tuya: nadie puede vivir ni sentir por ti. Tampoco se comparte: se vive y se disfruta. Ya está ahí la gloria, la vida y el amor. Ahora disfrutemos del cielo. Exploremos nuestra existencia sin conceptos, prejuicios, filosofía o pensamientos. ¡Así veremos con claridad!

Reflexión

La meditación es medicinal. Sin enfermedad no hay meditación.

Las palabras «medicina» y «meditación» provienen de la misma raíz.

Todo niño nace inteligente, «perfecto». La inteligencia es naturalmente rebelde.

Una persona inteligente está satisfecha con lo posible. Un perfeccionista es un neurótico.

Cuando te dejas manipular te conviertes en una persona instruida, pero has dejado de ser inteligente. Observa a la gente primitiva que nunca ha realizado estudios académicos y encontrarás una inteligencia pura, en funcionamiento, como una llama sin humo. La meditación es necesaria para deshacer lo que ha hecho la sociedad por medio de creencias limitantes.

Busca tu rostro original, descubre tu autenticidad. Cuando no copies a nadie estarás solo. Es arriesgado, pero la vida solo les sucede a los que viven peligrosamente, a los aventureros, a los valientes, casi temerarios, pero llenos de alegría porque saben que la inteligencia es vivir, en este momento, el aquí y el ahora.

La inteligencia es confianza en tu propio ser, Dios en ti. Una persona inteligente posee la poesía de la espontaneidad, del amor y de la alegría. Es tu vida. Si no eres lo suficiente cariñoso contigo mismo, ¿quién lo será? Si estás desperdiciando tu vida, es responsabilidad tuya.

Cuando puedes relajarte por completo y adentrarte en ti mismo, cuando cierras todas las puertas, todos los sentidos a los estímulos externos, desapareces del mundo. Y te olvidas de él como si no existiera ni la radio, ni la televisión, ni la gente. Estás solo en tu ser más íntimo, relajado.

En esos momentos mágicos se asimila todo lo que se ha acumulado, se desecha lo que no vale la pena y te haces consciente. La meditación rejuvenece y renueva.

La persona regresa renovada, capaz de aprender, con mayor capacidad de asombro en la mirada, con respeto en el corazón, como un niño. Recuerda la moraleja de la larva la oruga y la mariposa o el camello, del león y del niño. La ausencia de pensamiento es meditación. Cuando no piensas llegas a conocer a quien está oculto por tus pensamientos. Cuando la mente está en profunda calma y no tiene pensamientos, se ve la verdad. Es como un océano sereno, transparente, que se aprecia en claridad, en orden, en paz. A medida que se disuelven los pensamientos se despierta y cobra vida la conciencia. «Estarás despierto incluso cuando duermes». Cuando se conoce a Dios, el Ser, el que Yo Soy, la Verdad, se abren las puertas del paraíso que no se encuentran en las palabras, sino en el Ser; no vayas a otro lado, adéntrate en ti.

La meditación es no mente. Al practicarla, conoces la ciencia de tu interior, su silencio, la paz de ser, una luz hacia ti. La concentración se dirige hacia afuera; la meditación, hacia dentro. La concentración significa alejarte de ti mismo; la mente, la razón y la lógica apuntan hacia el exterior, pero la meditación llega a tu Ser. Para conocerte a ti mismo no necesitas la mente, solamente el silencio absoluto, que es ausencia total de aquella; el ser interior se refleja solo en la ausencia de la mente. Mientras la mente hace dormir, la meditación nos insta a despertar. Meditar es interiorizar en silencio, en paz de ser luz hacia ti; si no eres tú mismo, nunca te sentirás tranquilo.

Sé como los árboles: a ellos no les interesa el sentido de la vida. Con buen riego, tierra fértil y un hermoso sol, la vida es un inmenso gozo. Nadie se preocupa por nada, solo el hombre. En un nivel muy elevado de conciencia estarás tan tranquilo como los árboles, te sentirás tan relajado como la existencia.

Meditar significa observar la mente, presenciarla, simplemente observarla; desaparece poco a poco hasta que llegas a la última puerta, nunca contaminada por la sociedad.

Te trasladarás a los silencios del corazón, a tu hogar, tu Ser eterno, tu existencia inmortal.

Practicar la meditación es una bella forma de conectarse con la voz de tu sabiduría interior. Existen varias maneras o niveles de meditación: una sencilla consiste en sentarse tranquilo, cerrar los ojos, respirar profundamente y relajar el cuerpo físico. Concéntrate luego en tu respiración: escúchala mientras la haces más lenta. Dios está en el latir de tu corazón. Una vez que se calle tu juez y consigas hacer el contacto con tu voz interna, quedarás en la nada, desconectado del río de pensamientos. Es un excelente modo de callar o sosegar la mente, permitiendo que tu sabiduría interna salga a la superficie. Mi única responsabilidad es este momento, mi presente.

Para practicar esto es preciso, en primer lugar, recuperar la inocencia, dejar a un lado las creencias, los prejuicios, el conocimiento, la filosofía, la religión; todo lo que nos han prestado en creencias, lo que no conocemos por nosotros mismos. Liberémonos de todo eso y seamos niños. ¿Te has preguntado alguna vez para qué viniste al mundo, cuál es tu misión o si has desarrollado el propósito de tu vida? Te felicito si sabes la respuesta; si la desconoces, la sabrás cuando quieras y sea tu momento. Todos traemos una misión o propósito de vida único. Si eres consciente se siente en el alma, es un gozo continuo. Pon atención: es tu ser, es escuchar tu corazón, es parte de ti. Nacemos limpios, puros, inocentes, llenos de amor.

En algún momento de mi vida comencé a perder el sentido de vivir, dejé de sentir asombro por todo lo que me rodeaba porque no era consciente, no estaba conectada conmigo misma en mi ser interno, que es Dios en mí y yo en Él. Ahora percibo la belleza en todo. Mi deseo es ser un eslabón, una luz de esperanza para aquellas personas dormidas que desean evolucionar, despertar a nivel conciencia… Ahora vivo en una paz maravillosa, disfruto del viento por las mañanas frescas y de la belleza del canto de las aves; en Todo reconozco la misericordia de Dios hacia nosotros. ¡Cuán infinito e inagotable es su amor!

No se puede experimentar el éxtasis sin atravesar primero el tormento; para purificarse, el oro debe pasar por el fuego. El amor es fuego. El amor se vive peligrosamente, es un cielo abierto. La vida se compone de un polo positivo y otro negativo que no pueden separarse, como las dos caras de una misma moneda. Bendigamos el bien en el todo: las risas y el llanto. Todo pasa, lo bueno y lo no tan bueno, por eso es importante disfrutar de cada instante, que es único. Te invito a vivir el presente. Porque yo estoy de paso, porque todo y nada es mío.

Así me despego de la mente calculadora y vivo asumiendo riesgos. Del otro lado de la misma moneda, apegado a la mente analítica, viviría en una zona cómoda…

El amor elevado es vulnerable. El amor es para mí un cielo abierto, y enamorarse significa alzar el vuelo. La vida es el todo: ama a un hombre, a una mujer, a los amigos, a los hijos, a tu madre, a tu padre, a todos los seres humanos, a los animales, a los árboles. Un peldaño conduce a otro: empieza con una persona y se sincroniza con la totalidad. El amor es el principio, Dios es llegar a casa, y la vida, entonces, una peregrinación, un río que desemboca en el mar.

Durante el sufrimiento se alcanza el éxito. Quienes afirman que la vida carece de sentido no han conocido el amor. Solo en el centro de la noche oscura puede desarrollarse la luz; la mañana llega únicamente atravesando la noche.

El amor es una oración natural. Te invito a sumarte, a expresar tu amor al todo, como la gota de rocío se une al mar. La persona que no se ama a sí misma no será capaz de amar a nadie; ama a tu cuerpo y a tu alma. El amor te embellece, porque la persona que se ama a sí misma se vuelve elegante, se riega y se nutre. Por el contrario, la persona que no se ama siempre está enfadada. ¿Quién podría amar a alguien que siempre está enojado? El amor propio es un gran valor, la oscuridad no existe, es la ausencia de la luz.

Mientras exista ambición habrá pobreza. Nunca importa lo que tienes, pues si tienes lo suficiente desaparece el deseo.

Ni bueno ni malo

¿En qué consiste lo bueno? Para mí no existe, como tampoco lo malo; solo hay aprendizajes (o lecciones), polo positivo y negativo, una misma moneda; todo es Dios, Creador del universo, que no puede ser definido correctamente por ningún texto sagrado. Lo que te hace feliz es bueno, la única moralidad es aquello que te hace dichoso, y lo que te hace desgraciado es el único pecado. Pecado es no ser feliz.

Hay personas que en tu mundo te vuelven loco; por lo demás, este mundo es perfecto, no le falta nada. Jamás aceptes una crítica que te haga desgraciado: tómala como un regalo que tú eliges abrir o no. Quien habla lo hace de sí mismo: «Cada uno se llena con lo que dice y se sacia con lo que habla» (Proverbios 18:20). Recuerden el subtitulo de este hermoso libro: "no son ustedes, yo soy". Sé tú mismo y serás perfecto, pero si te apartas tendrás dificultades. Este es mi punto de vista, no tiene que ser el tuyo.

Un niño nace en una sociedad que encuadra y debe aprender el funcionamiento de las personas (domesticándose por sistema de creencias); es una locura colectiva. Cuando puede desarrollar su inteligencia ya ha sido envenenado, de manera completamente inconsciente, por esa locura del sistema de creencias limitantes. Si bien son herencias que se transmiten de generación en generación, todos podemos hacer la diferencia dejando de alimentar aquellas creencias, para que esa maldición muera y todos experimentemos un cielo en la Tierra. El sufrimiento ahora es innecesario, a nadie beneficia.

Renovación

Si no es así, se repetirá la historia, se acrecentará el círculo vicioso de sufrimiento, basado en estas creencias que nos convierten en imitadores.

Los niños son inocentes, nacen sin saber lo que va a ocurrirles; naturalmente, están rodeados de personas a las que empiezan a imitar como forma de aprendizaje. En este proceso ocurre el gran error de aprender la locura (nunca nos equivocamos: en todo error hay experiencia y conocimiento adquirido).

El niño que es «rebelde» y sano será rechazado por las creencias y enseñanzas de sus antepasados. No pueden aceptarlo, porque irían en contra de sus enseñanzas. Consecuentemente, eliminan y desprecian a este sabio, cuyas preguntas, que pondrían al descubierto todas las mentiras de la sociedad, no pueden soportar. Solo son actitudes aprendidas a base de cuentos inventados y no soportan que nazca un «rebelde sano» ni alguien que sea cuerdo, auténtico o iluminado. La iluminación consiste en estar en armonía con la naturaleza, con la vida, en paz... este estado en el que nada perturba a causa de la integridad con uno mismo resulta extraño para los demás. Un iluminado baila en medio de la lluvia, al sol y con los árboles; comulga inclusive con las piedras, con las montañas y con las estrellas. Nada teme, nada lo perturba; dice lo que siente, escucha su corazón y observa sin juicios. La existencia es, para él, sagrada, pues

90

todos los sitios están llenos de Dios, todo lugar es especial. Respetemos y recibamos con amor a estos seres iluminados, transcendentales que con su energía (rebeldes) aportan (o aportamos si eres uno de ellos) luz y energía canalizada a la evolución de toda la humanidad para esta Nueva Era.

¿Sentiste, en algún momento de tu vida, el rechazo por ser sincero y auténtico? ¿Has molestado a los grandes (adultos) con tu sinceridad? Aún recuerdo responsablemente: siempre escuché que de niña se me tachaba de rebelde. Si bien en aquel momento no entendía, ahora doy gracias por la bendición de ser auténtica. El solo hecho de comprender que mi opinión o lo que aprendí de alguien es solo una interpretación, constituye un paso importante de crecimiento evolutivo para la liberación del pasado.

Cuando desaparecen los pensamientos sobreviene la iluminación; no importa el momento ni el lugar. Solo se trata de estar presente en cualquier situación, porque no llega del exterior, sino que nace del interior, del centro del Ser, como un aroma.

Mientras te concentres en tu mente y en tu ego, jamás ocurrirá la anhelada iluminación, porque esta es, precisamente, la muerte de la personalidad del ego y el renacimiento como individuo, único, sin imitar a nada ni a nadie.

Reflexión

El aburrimiento es pobreza espiritual.

Vivamos sin noción del tiempo, en un infinito bello y eterno, ahora…

Vivamos sin imitar a nadie, sin contar el tiempo…

La inocencia es un estado de conciencia sin pensamiento; «si desaparece el ego, desaparece la mente».

Vivir en el pasado es llevar una existencia irresponsable, evadiendo la oportunidad de disfrutar del presente. Vivamos en gratitud y en alegría constante. La vida cambia sin cesar, sigamos su perfecto orden.

Imagino la libertad como una escalera: por un lado se llega al infierno; por el otro, al cielo. Es la misma escalera: eres tú quien decide qué dirección tomar.

Usa tu creatividad, asume la responsabilidad.

Si te sientes cada día tranquilo, silencioso, feliz, centrado, has iniciado el viaje hacia el amor, a ti mismo, a casa. El amor da absoluta libertad a ti y a quien amas.

Libertad

Libertad es la capacidad de decir «sí» cuando es necesario hacerlo, y pronunciar un «no» cuando es preciso. A veces hace falta callar, permanecer en silencio.

En un camino de rosas hay espinas; lo dulce se equilibra con lo amargo; los días, con las noches; la vida mantiene su equilibrio perfecto con los polos opuestos. Vívela en toda su agonía y en todo su éxtasis, acepta las bellezas, las amarguras, las alegrías. Es una misma moneda: la vida no puede existir sin la muerte ni la alegría es sin la tristeza.

Acéptate tal y como eres, con todo lo bueno y todo lo que para ti no lo es, con todo lo bello y con aquello que no consideras tan hermoso. En esa aceptación te sucede la transformación o trascendencia hacia la libertad. Si evolucionamos, la sociedad se disuelve y estaremos suficientemente alertas para no hacer daño a nadie.

Familiarízate con el silencio de tu ser interno, cierra tus ojos y entra en un remanso de paz. Gracias a este silencio rejuveneces a cada momento, y aparece el amor, la belleza, la profundidad de tus ojos, una aura especial en tu ser, una fortaleza y un auto respeto; eres individuo, único. Renueva el corazón a cada instante y aprende a renacer cada mañana, como el amanecer al despertar (la aurora), como el sol cuando despunta el día.

Reflexión

Noche apacibles: escucho el viento, mi latir, mi estado de alerta. Estoy relajada, disfrutándome, sintiéndome; todo lo tengo, todo lo soy, en armonía, amor y paz. La prosperidad está en mí y recibo la abundancia. Soy un imán irresistible: atraigo amor, porque soy el amor; atraigo salud, prosperidad, éxito. Doy gracias a Dios por lo creado, por estar a mi favor. Amén.

El poder de sanar (oración)

Soy sanador natural: manifiesto pensamientos sanadores, pongo todo en manos de Dios; «todo está en forma divina y perfecta, ahora mismo». Yo soy equilibro perfecto. Tengo y practico habilidades sanadoras. Dios fluye a través de mí, tengo pensamientos de amor, doy gracias y confío en el universo perfecto. El efecto de mi amor toca otras vidas, manifiesto nuevas oportunidades y abundancia, pues ahora son parte de mi vida.

El bien es manifestado en paz, confianza, alegría. Tengo el poder de expresar el amor en mi vida, en mi familia, en mi entorno. Amor, salud, dinero, éxito, prosperidad, abundancia infinita: todo proviene de la fuente divina. Dios y seres de luz, maestros del otro lado del velo me están guiando, manifestándose con cariño, nutriéndome espiritualmente a través de mis sentimientos, sueños y visiones. Estoy cubierta de una hermosa luz sanadora; los rayos de luz divinos están iluminando mi camino, guiando mis pasos. Experimento paz en este bello resplandor que me protege, me escuda, y que siempre está en mi interior, porque yo soy la luz y la comparto.

Soy fiel a mí misma, soy un ser sensible: percibo cosas y situaciones. Estoy alerta, despierta, tomo excelentes y sanas decisiones, pues sigo la intuición de mi espíritu que me guía por la abundancia infinita. Mi energía se eleva, honro mis sentimientos y mis niveles de energía, canalizándola en armonía.

El espíritu del bien me guía dándome las palabras precisas y correctas obteniendo resultados extraordinarios en mi vida y así escapo de las trampas del villano (creencias). Soy vida y doy vida a mis triunfos. Me amo, me acepto, me respeto y disfruto cómo se esparce mi cariño hacia todas las personas a mi alrededor, y deseo felicidad al mundo entero. Adopto nuevas formas de pensar contribuyendo a mi felicidad y prosperidad. Soy una mujer victoriosa con deseos de superación ardientes y vigorosos; Dios suscita las circunstancias tal vez imprevistas que hacen explotar la chispa de la gran ocasión y obtengo mi ideal, mi meta, y realizo todos mis sueños. Sueño para vivir, vivo para soñar.

La sabiduría divina de Dios es mi guía; su inteligencia me conduce y me orienta. El amor es omnipresente, está en todas partes, Dios sana mi corazón. Atraigo personas con un nivel alto de integridad y una gran visión.

"No estoy en el mundo, el mundo está dentro de mí". Yo soy estable como las montañas, flexible como el viento, estoy alerta a las coincidencias: son mensajes poderosos.

Utilizo mi energía positivamente en afirmaciones que me brindan soluciones, recibo guía intuitiva para aliviar cualquier situación; cada palabra y acción tiene un resultado positivo que beneficia al mundo…

Opinión de un amigo

Estar alerta a mis lapsos de inspiración. Escribo, con un lenguaje relativamente distinguido, distinto, sencillo, directo lo que uso comúnmente, términos e ideas de orden filosófico práctico. Escribo ideales claros en los dos «lados de la razón». El objetivo es causar el despertar del corazón, e impacto absoluto en cualquier lado de la razón, en el amable lector.

Todos tenemos derecho a hacer nuestra propia revolución, a la hora y en el lugar que queramos, con las palabras, las acciones y los métodos que escojamos, en el alma o en el mundo cotidiano. Sin embargo, algunos carecen de la fortuna de la libertad, de visión o de las ganas para llevarla a cabo. Por su puesto, Betty logra todo esto y por eso presenta su libro que ahora tienes en las manos.

La rebeldía es un paso acelerado de la evolución; todos y cada uno de nosotros contribuimos a esto, haciendo o desistiendo. R.

Cambio

Varón y mujer, seres divinos, creación perfecta… el amor propio empieza por cada uno. Por ley universal, es preciso dar para recibir o recibir para dar; no se puede dar de lo que no se tiene (intercambio de causa y efecto). Quienes estamos despiertos y somos conscientes tenemos la fortuna de advertir que hay un alto grado de tinieblas. La depresión, controlada por la sociedad, se encarga de apagar la luz de cada ser con una avalancha de creencias falsas, que poco a poco nos van llenando de prejuicios, miedos e inseguridades. Dejar de soñar causa falta de visión y olvido de que cada ser humano es único. Esta palabra viene de «individualidad»; por este motivo, nadie se parece a nadie, somos seres excepcionales, cada uno con talentos y virtudes.

Hoy te invito a reflexionar: detente un instante, disfruta del paso que das, del sonido que escuchas, de tu respiración, de lo que estés haciendo. ¿Cómo está tu vida? Todas las jornadas morimos y volvemos a nacer. Si no estás feliz, vuelve a empezar. somos parte del cambio positivo y evolutivo de la nueva Era, Solo hay que permitirnos abrir la mente y el corazón a la felicidad. Quizás algunos hemos vivido bajo el sufrimiento, haciendo lo que hace la gente normal: adorar lo falso basado en la mentira y en la conformidad, convirtiendo este mundo en un calvario para aquellos que eligen seguir adorando una mentira creada por la inseguridad y el rechazo, sin darse cuenta de que Dios está en cada ser viviente.

«Yo he dicho que ustedes son dioses» (Juan 10:34). Solo cree…

98

Perdón

Hoy me libero para siempre de los efectos de la culpa. Me visualizo llena de luz celestial, de perdón total. Yo soy el perdón transmutando, todas las energías mal usadas son ahora luz y liberación. Vivo en libertad y alegría, soy un imán que atrae bendiciones a muchas vidas, incluyendo la propia. Me despido de la culpa y de la vergüenza, porque al liberarme me contemplo tal como Dios me ve: inocente por completo. Soy responsable, y el amor y la paz elevan mi conciencia a la bendición. Soy huésped de un cuerpo sabio, donde residen los secretos del universo.

Observa a tantas personas que esperan el permiso para vivir. Todos tenemos heridas y cicatrices, nuestro cuerpo está encadenado, aburrido de tanto repetirse. Somos únicos, auténticos individuos rebeldes a las creencias absurdas que causan tanto daño. Rompamos acuerdos, cadenas, maldiciones, supersticiones. Somos luz: siguiendo la brújula de nuestro corazón, dejando que nuestro ser, como una flor, abra a su manera. Somos el ejemplo de ver, oír, caminar, amar y respirar libremente. Viviendo el aquí, el ahora antes que se convierta en historia. Todo pasa y cambia constantemente. Nunca poseas opiniones, solo un estado de alerta, viviendo amorosamente.

Dentro de cada uno de nosotros hay un bebe que cuidar, que proteger. La única forma de hacerlo es el arte de vivir. Disfrutando de este mundo de nuestra presencia aquí, ahora, sin distracción y sin ligarse a nada; comprendiendo que la prisa y el retraso son únicamente formas de resistencia al presente. Vivir es enfrentarse a lo nuevo. La fatiga mental y espiritual se cura con la firme intención de actuar; la pereza es un virus que se vence con la voluntad.

Perdonar es un cambio, una evolución que se experimenta cuando se cierran ciclos que ya no pertenecen al presente, momentos que ya pasaron, buenos o difíciles, agradables o dolorosos, pero que no volverán.

Si se insiste en seguir cargando el pasado (un amor, un trabajo, una amistad), no se avanza. Recordar con dolor significa que aún se sigue cargando con un pasado, se está atado a cadenas en prisión. Si se rompen o se dejan atrás los hechos pretéritos, sobreviene la paz y la armonía en el corazón. La vida es un constante movimiento de energía, transformación, cambio y evolución en nosotros, naturaleza, animales, ríos, mares en todo el planeta.

Por ejemplo, si deposito agua en una tina y la olvido durante una semana, ya no será la misma agua clara y cristalina; se ha llenado de insectos, microbios, bacterias y demás organismos, pues el proceso de cambio se inició cuando se depositó el agua en la tina. Lo mismo sucede con todo: cambia de un instante a otro. ¿Qué agua somos? ¿La que fluye o la que se queda estancada?

Si nuestro pasado fue un fracaso, perdonémonos; estoy segura de que a todos nos queda una gran lección detrás de la experiencia. Cambiemos de página: si conservamos resentimientos, perdonándonos, damos el siguiente paso. Demos vuelta la hoja aun si nos ha ido muy bien, avancemos. La vida es un viaje, es transitoria, y el placer reside en disfrutar del viaje. Vivamos nuestras experiencias; en aceptación, todo pasa: lo bueno y lo que no lo es tanto. Nada se detiene, todo es evolución necesaria para fluir y crecer a nivel de conciencia. Somos seres extraordinarios, porque somos una creación divina única.

Perdonar es dejar atrás el ayer, soltar, fluir, amarnos, aceptarnos. La vida es transformación, y nunca se vive el presente si no suelta el pasado. Cerremos círculos para nunca repetir la misma situación, empecemos cada día de cero.

Confiando, viviendo con valentía sin temor a equivocarnos. Si nos caemos, hagamos como los niños, que se sacuden y se levantan. Equivocarse es un aprendizaje (o lección). Nada es seguro, la vida ya es, solo hay que vivir, disfrutar, perdonar, agradecer, aprender y amar.

Te invito a que te permitas correr el riesgo de vivir. Solo enfocándote en el presente, aquí y ahora, pues el pasado ya es historia y el futuro es incierto. Bienvenido a la vida.

¿Responsable o víctima?

Existe abundancia infinita por derecho de nacimiento, pero no todos la atraemos (o no todos la vemos o apreciamos). El sol sale para todos por igual, puede ser que hay momentos que olvidamos esto, y no somos conscientes. Somos imanes, pero si soy víctima ¿qué atraigo? Víctimas, pobreza y más derivados. En pocas palabras, el infierno. Un proverbio refiere que no hay víctimas, sino voluntarios. Si soy responsable, atraigo logros, metas, abundancia, prosperidad, bendición, paz y armonía. En definitiva, la gloria.

Dejemos de ser víctimas de todas las ideas y creencias limitantes que nos impusieron en la domesticación. «Es muy fácil decirlo», «cómo se ve que has tenido suerte», «si estuvieras en mis zapatos...» son frases que emplean las víctimas. En estos casos, no actúa el ser auténtico, sino sus creencias aprendidas, aunque no lo sepa. Y si conoce su situación pero no cambia, seguirá repitiéndola. Imagínate un auto a la deriva, en control automático que se dirige hacia el sur. Si tú quieres que se dirija en dirección contraria, no basta el deseo si falta la acción. Tú, como tripulante, tienes la responsabilidad de dirigirlo, y eres responsable de tus consecuencias.

Vayamos a la raíz de la situación: estableciendo una nueva programación, en la que cada uno como piloto de su vida, estamos en control para dirigirnos por elección, a donde conscientemente elegimos ir. No hay enemigo mayor para el mundo que la víctima; es una de las mayores razones de pobreza mental, por lo tanto de mediocridad, de conformismo, y de falta de autoestima; son puertas cerradas inconscientemente a la abundancia.

Equipo

Trabajar unidos en armonía produce éxito y una sinfonía maravillosa, ya sea con tu familia, en tu trabajo o en una relación de pareja. Sincronizar, fluir, armoniza, permitiendo que todo ocurra de manera extraordinaria y así produciendo una prosperidad individual familiar y colectiva. Por otra parte, cuando no es así, se generan choques, nada fluye y solo hay ruido, molestias, envidias, celos, malos entendidos. ¿Cómo se logra la prosperidad? ¿Qué mensaje comunicamos al universo? Recibimos lo que damos...

Construir conexiones sólidas en todas las áreas de la vida está en nuestras manos, depende de nuestra elección. Solo hay dos caminos: el amor o el odio, la riqueza o la pobreza, la salud o la enfermedad, la risa o el llanto, el entusiasmo o la tristeza. ¿Cuál es tu camino? Todos tenemos un compromiso universal a nivel colectivo, la existencia tiene un propósito en cada ser viviente. Vivimos para algo y por algo. Descubrámoslo para poder practicarlo; felicidades si ya lo has descubierto.

Eres despierto ante los ojos del amor, haciendo un cambio extraordinario y en armonía para todo el planeta.

Yo soy

«Tú creaste mis entrañas, me formaste en el vientre de mi madre» (Salmo 139:13).

Cada uno de nosotros fue diseñado de modo que no haya un doble en ninguna parte. Tu singularidad es un hecho: está científicamente comprobado que nadie tiene similares huellas digitales. Yo soy único e irrepetible, nací para un propósito que descubro en el viaje de la vida, lo desarrollo y lo pongo en práctica; uso mis técnicas y habilidades y, con los talentos que se me han otorgado, soy también una bendición para otras vidas empezando por la mía, porque no puedo dar lo que no tengo. Si comienzo conmigo puedo dar, y entonces disfruto, agradezco y lo llevo a cabo. Soy compartido, creativo y victorioso. Creo en mí, soy un diamante, desarrollo la sabiduría, el valor y la confianza. Aprecio mi presente, el universo me revela todos los secretos. Me agrada estar conmigo, porque disfruto de la naturaleza y dejo que la luz irradie mis sentidos.

El hombre nace como un lienzo en blanco en el que no hay nada escrito: es preciso trazar lo que quieras, porque será tu creación. Si comprendes esto, se abrirán todas las dimensiones posibles. Depende de cada uno ser o no ser. Si te atreves a ser, encontrarás una lección, aunque creas equivocarte, pues obtendrás experiencia. Eres tu propia creación. Vivir se convierte, entonces, en una aventura, un descubrimiento, una exploración, un viaje. Naturalmente, al ser humano le da miedo ser libre, porque supone riesgos...

Recuerda, es mi verdad, no tiene que ser la tuya. Pero debes descubrirla.

Intimidad con mi «yo soy»

Tal vez en algún momento de nuestras vidas la intimidad nos haya causado miedo, porque aunque no seamos conscientes, significa quedarse al descubierto ante lo desconocido. Todos somos desconocidos hasta con nosotros mismos, nadie conoce a nadie. Existe un momento especial en el que no sabemos quiénes somos; es preciso quitarnos todas las defensas, conceptos, creencias, porque solo así es posible la intimidad, la autenticidad de ser únicos, de aceptarnos y amarnos a nosotros mismos como lo que ya somos.

Así como las semillas que se plantan en la tierra necesitan oscuridad para florecer, la relación íntima y profunda con uno mismo requiere vida privada, un lugar donde solo exista silencio absoluto, donde seamos observadores sin juicio, donde se fundan la paz interna y la externa.

Existe otro tipo de intimidad: el amor de pareja, donde hay una confianza de poseer. Cuando el amor se vuelve relación de pareja (en algunos casos) se convierte en esclavitud, porque empiezan las exigencias; una forma de dominar es la lucha por el poder. El amor es simplemente amar como la fragancia de la flor, que nunca exige nada y solo comparte, sin que exista el deseo de recibir una recompensa; compartir es, para él o para ella, la recompensa.

Observo a través de la vida. Veo y soy consciente de que las personas controladas siempre están nerviosas por alguna razón, como si tuvieran prisa. Sin embargo, responden que

107

no es así cuando les pregunto, porque no son conscientes. Es una suerte de prisión constante con todo: con la familia, con el tiempo, con el trabajo. Pero es una prisión autorizada. ¿Quién es el carcelero? Adivinen: la propia persona, porque permite el control sin darse cuenta y cede su poder. En pocas palabras, vive en su prisión sin saberlo, en un sufrimiento continuo como una muerte lenta…

Si no estás controlado, fluye. Sin importar la cantidad de tus compromisos; te invito a observarte sin critica: hazlo en amor y en comprensión si estás y te sientes vivo, entonces luces pacifico y en gratitud. Aprendamos y practiquemos esta conclusión: lo que tiene que suceder, ocurrirá; nada es seguro respecto del futuro.

Reflexión

Generación tras generación, el tiempo sigue su marcha; nada ni nadie pueden detenerlo, y nunca se recupera. Aprovechemos al máximo cada momento; la vida es un instante.

Mi aceptación

Es muy fácil ser feliz cuando dejo de buscar en otro lado lo que hay en mí. En algún momento de mi vida me dediqué a esta búsqueda insaciable de aceptación, procurando ser reconocida de alguna manera, limosneando amor. ¿Por qué? Si ya somos amor. Es ilógico, pero así suele suceder en el proceso evolutivo. Creo que alguien sabe de lo que estoy hablando. Ahora es diferente: soy observadora, disfruto de la paz y de la armonía generada por la aceptación de mí y de la fuente de luz que somos todos los seres humanos que actuamos en el bien.

Todo empieza en mí: si no soy feliz con mi vida, es porque me rechazo y no me acepto como soy. No hay nadie más que yo para amarme, cuidarme, valorarme. Pero cuando descubro el ser maravilloso que soy, me acepto, me amo y me respeto tal como Dios me hizo, y todo por añadidura se manifiesta en mí en bien, porque igual atrae a igual. Somos lo que pensamos: si vivo positivamente, feliz y en gratitud, es eso lo que atraigo. Somos magneto (imanes); si quiero bien, doy el bien. La metafísica y física cuántica explican detalladamente las preguntas que nos hemos formulado de generación en generación. Ahora sé el poder de un pensamiento que se hace palabra. El poder de las palabras, pensamientos hablados, es provocado por mi universo interno. Somos lo que pensamos.

¿Jueces?

Evitemos juzgar y criticar; seamos imparciales, tengamos compasión por la humanidad, pues todos somos parte del «todo». Cuando juzgamos, sembramos para nosotros mismos el ser juzgados o juzgarnos. «Juzgar es esconder nuestras propias debilidades». «El sabio calla».

¡Vivamos el aquí y el ahora!

Archivos

Organizo el escritorio de mi vida y abro espacio para que lo nuevo llegue hasta mí. En mi infancia viví en un pequeño pueblo cerca de un río, lleno de árboles y frescura. Me daba cuenta de las apariencias, de las «mentiras», pero los habitantes de esa comunidad las hacían ver como verdad. Era parte de la crianza pueblerina de algunas familias, que cuidaban mucho las apariencias ante la opinión del qué dirán, tan inventado como el «cucui» en Venezuela, le llaman «coco». Aprendí a complacer a mi familia, bueno creo que no lo logre solo entre comillas" aunque yo no estuviese de acuerdo y esto me generaba mucha frustración, porque no era mi gusto sino de los demás, no era mi yo interior al que obedecía sino a mi yo exterior. El que me decía que si no obedecía era mala hija (creencia limitante). Continuamente me preguntaba: ¿por qué no me escucho yo en lugar de obedecer a los demás y seguir sus instrucciones? Vivía en contra de todo esto, me resistía a aceptar ese estilo de vida y, consecuentemente, mi forma de pensar me separó del resto de mi mundo: era la «rebelde», la oveja negra, la que nadaba contra la corriente, solo por pensar diferente.

Hoy es maravilloso para mí ser rebelde, porque me escucho a mí misma, identifico todas las creencias limitantes que me causaban daño y dejo de creer en algo basado en nada. Mi lección y gran aprendizaje es que nadie es profeta en su tierra, todo sucede y sucedió porque yo lo permití, porque no hay víctima, sino voluntarios.

111

Es un círculo vicioso: donde no hay luz se repite, como un virus o parásito transmitido de generación en generación por medio de la domesticación inconsciente que recibimos desde el vientre de nuestra madre, o recuerdos de otras vidas. Al nacer, aprendemos todo lo que vemos, creencias tan arraigadas o enraizadas que se alimentan a través de los tiempos y de las generaciones, dañando vidas silenciosamente. Vivimos muchas vidas hasta encontrar nuestra verdad. Mi invitación es que a cada momento nos observemos y seamos conscientes, sinceros en la respuesta que demos a estas preguntas para llegar a una conclusión lógica que nos guiará hacia el camino de la verdad: ¿qué nos guía? ¿Estamos incómodos? ¿Molestos? ¿A quién complacemos? ¿Con quién quedamos bien? ¿Cuáles son nuestros sueños? ¿Qué anhelamos? ¿Hemos preguntado el propósito de vida a nuestro corazón o a nuestras creencias?

Reflexión

Si desarrollamos nuestro ser interno, sincronizaremos con el universo entero en amor.

Frase: en la vida todo es amor. Si amo, estoy viva (consciente); si creo amor, las cosas buenas llegan.

Registros

Observo mis emociones mientras organizo mi mente en un archivo en blanco y negro, pues los recuerdos son solo eso. Pasan arcoíris por mis manos: los disfruto, aprecio la magia de sus colores, todo sucede por un motivo. Maestro de maestros, todos aprendemos de todos, el genio dentro de mí analiza mi misión, todo está y no está, me despego del apego, experimento vivir, respiro en alivio y comienzo un reencuentro con mi niñez. Puedo ver mis ojos grandes de un negro profundo que admiran todo con gran euforia y hacen para mí collares de flores de colores; me adorno el cuello con ellas como una diosa de ensueño; un aroma de inocencia decorada en grandeza.

No tengo memoria de un cálido abrazo familiar. De mi padre, no sé si solo son sueños o vagos anhelos de protección que mi alma deseaba dos veces recuerdo su mirada de amor que me permitía saberme bien amada, es mi memoria? O solo la ilusión de una niña solitaria? experimente la ausencia de sus abrazos. Ahora entiendo que él tampoco sabía darlos; quiero pensar que en su vida tampoco los recibió. Del mundo de los grandes percibía una soledad que nunca me gustó. Tal vez por eso era para mí monótono y vacío, y jamás me sentí parte integral de la práctica religiosa ni de la familia. Hacía todo por obediencia, todo era así porque tenía que serlo, como siguiendo el ritmo de una antigua rueda de molino que gira siempre en el mismo lugar.

Entonces me apartaba donde nadie me miraba: en los hermosos silencios podía percibir los sonidos de los insectos, la frescura de la brisa por las mañanas mojadas, el cantar del río fresco que corría como si llevara prisa, el agua transparente rodeada de jarillas y piedras; allí, con el marco de un cielo inmenso con quien me comunicaba. Todo eso me amaba y me hacía sentir en casa. Platicaba y jugueteaba con la magia del viento, y el canto de las aves sanaba mi corazón dolido con arrullos de ternura. Después regresaba a tierra y continuaba con mi misión de ser rebelde en armonía, protestando contra las instrucciones y órdenes; algunas veces obedecía a regañadientes, solo viviendo y soñando. Debo admitir que he disfrutado de muchos caminos, momentos y situaciones extremadamente bellos.

Aprendí que en mi entorno social se puede tolerar el vivir ocultando la verdad, pero yo soy diferente, al punto de ser rechazada por mi claridad y sencillez de palabra. Fue mi karma, agradezco mis lecciones y caminos recorridos que son necesarios para mi propósito de vida. Observo que la vida es como un circo: si soy consciente, lo disfruto, de lo contrario formo parte de ese espectáculo y solo sigo instrucciones como una marioneta. Ahora elijo salirme del juego y ser un espectador silencioso.

Mis ojos como ventanas aprecian y observan el espejo, reflejo de mi alma. Solo soy, me desapego del todo y me apego a la nada. «Mi misión tiene contenido, no únicamente forma». «Toma en cuenta. No soy ustedes, yo soy».

Amar es vivir

Abundancia: todo sucede de la nada por arte de magia. Ya está en mi vida la bendición, la paz, la salud, la prosperidad; estoy libre de prejuicios, conceptos o creencias, pues Dios hizo un universo perfecto para todo ser viviente, y fuimos creados en este maravilloso planeta para ser libres y felices. Cuando se deja de pelear la razón, todo fluye, somos seres de luz, bendecidos con talentos extraordinarios y únicos (¿han oído que tenemos defectos?). ¡Es increíble! La idea de la imperfección es, sin duda, una tontería que atrapa y puede mantenernos cautivos, viviendo en las tinieblas del resentimiento y de la frustración. (Nadie que vive en cautiverio puede soñar). A pesar del cautiverio mental de lo aprendido, somos libres. ¡Vamos! Te invito a gozar, a olvidar el pasado. Nunca es tarde para empezar, cada día morimos y nacemos de nuevo; tu vida comienza hoy.

La luz

La luz que alumbra mi vida está en mi interior, es ese brillo que emana por todo mi ser donde quiera que estoy. Todos somos luz; nunca nos permitamos vivir en la oscuridad, no dejemos que nadie apague nuestra llama o nos robe los sueños. Alimenta tu luz: refuérzala todos los días mirándote al espejo de tu interior, aceptándote y valorándote tal cual eres. ¿Has vivido bajo las sombras de los temores? Los miedos, la vergüenza son fantasmas del pasado creados por mentiras y falsas creencias que la sociedad inventa con un único propósito: tener a la mayoría de la humanidad atada y esclavizada en las frías y oscuras tinieblas, ocultando su auténtico yo. Sin embargo, sé que el miedo es falso que existe mientras yo le doy vida, en el falso yo (ego). Elijo el amor, el poder es mío; elijo la sabiduría que es una hoguera que alimenta día a día mi luz interna, mi fuente de vida.

El miedo

El miedo son fantasmas, perros sin dientes, neblina. O dejas que te encierren o los persigues tú a ellos. ¿Cuál es tu actitud? Detrás del miedo, si lo cruzas, está el cielo, el paraíso, la libertad. Los miedos son creencias que pueden dejar de aceptarse. La mentira de los miedos es evidente cuando los enfrentamos.

Es inseguridad de lo que no se ve. Durante años se utilizó este método en el Antiguo Mundo para controlar a una multitud sometida a sus conveniencias, aprovechándose de la ignorancia de las personas que escasamente sabían leer, inculcando la adoración a un dios falso, basada en la esclavitud de creer y practicar lo aprendido. Aún continúa esa misma creencia, solo la época es diferente. Te invito a ser parte de la nueva generación, de la Nueva Era de evolución mental, a dejar de creer en lo que causa daño, en los paradigmas aprendidos y enraizados por la mentira.

La vida es todo lo contrario a lo que hasta hoy pudiste haber vivido; no es como tú crees, sino como la ves. Somos creados para un propósito de vida. Es preciso aprender a despegarnos de todo. ¿Cómo llegamos a esta vida? ¿Qué nos llevaremos al morir? ¿El físico? Nada material. Cuidemos el alma, primero, y lo interno se reflejará en lo externo; como enseña la metafísica: lo que es arriba es abajo y viceversa. Mi interior es el tesoro, lo infinito, lo puro, lo excelso, lo que nos conduce a Dios.

117

El miedo es una mentira que existe mientas yo le doy vida. Se manifiesta como una vocecita, como si en mi mente hubiera una pequeña persona que me susurrara al oído argumentos para detener mi camino, o para hacer o decir determinadas cosas. De esa forma se mantiene en mí, independientemente de donde vaya o con quien esté. Se hará presente muy a menudo, pero solo si lo permito: entorpece mi accionar convenciéndome de que debo detenerme porque es malo lo que iba a hacer; me sugiere que me va a ir mal, que no haga el ridículo; actúa muchas veces cuando dejamos pasar oportunidades importantes que pueden cambiar nuestra vida, solo por hacer caso al ego, a esa voz interna que por momentos le permitimos y nos paraliza, nos calla y nos hace agachar la cabeza y retroceder.

La única solución es hacer lo contrario de lo que a veces nos detiene, seguir nuestra intuición o deseo del alma. Si hacemos lo que amamos y escuchamos aquello que sentimos en el corazón que a veces dice «yo puedo», sentiremos que la sangre se altera por todas las venas y que una sensación de adrenalina nos recorre el cuerpo. Hay personas conscientes, despiertas y alertas que sabemos distinguir entre la intuición y el ego. En algunas ocasiones, aún luchamos contra el ego y lo vencemos al recordar que es falso, que no existe, porque elegimos ser responsables, libres para tomar decisiones perdiendo el miedo al miedo. Te invito a hacer lo que quieras sin detenerte a pensar. ¡Hazlo ya! Da el paso hacia delante, sigue, sé claro en lo que deseas, experiméntalo y dejaras poco a poco de escuchar la vocecita en tu cabeza; el ego habrá desaparecido.

Muertos en vida

Desde muy pequeña descubrí cómo generar mi propio ingreso económico de una forma inteligente, aun viviendo en la pobreza. Quien me hubiese visto diría que en mi casa lo tenía todo, pues nunca demostré carencia alguna. Mi actitud positiva atraía bendiciones en todos los aspectos. Hasta el día de hoy nunca he sido empleada.

Recientemente, debido a mis actividades en una empresa con la que estoy asociada, he tenido la oportunidad de visitar familias en sus hogares. Mi misión es apoyar a la gente para que despierte, desempolve sus sueños y los vuelva activar. De acuerdo con mi experiencia, un 95% de la población donde me desenvuelvo está muerta en vida en mayor a menor grado. Estas personas han ignorado sus sueños, ni siquiera se atreven a pensar en una vida abundante, han perdido la lucha por su autoestima, se han establecido en una vida de mediocridad y conformismo. Viven días de desesperación y noches de lágrimas, como muertos vivientes destinados a un cementerio de su elección. Estos seres humanos necesitan salir de ese estado de depresión, consecuencia del descuido de la vida espiritual. Todos pueden regresar de la tumba, resucitar de su lamentable condición y realizar así el milagro más grande de su vida: un despertar maravilloso, sin excepción, siempre que lo elijan.

Sagrada sexualidad

Durante mi infancia, el tema de la sexualidad era impronunciable, un tabú. Esto reforzó la idea de que todo lo relacionado con la sexualidad era realmente malo y, por lo tanto, había que callarlo. Me atrevo a decir que se roba la experiencia de la expresión por creer y alimentar ese miedo, ese tabú, esta creencia limitante de pena y morbo. Consecuentemente, se deja de vivir y experimentar lo maravilloso de nuestra sexualidad, que es un obsequio natural y sagrado.

El camino es la transformación de mente, de creencias; «somos transformados por nuestra mente» (Romanos 12:2). No debemos reprimir nada, sino educar para expresarnos y desarrollarnos en armonía y en bien. La energía natural fluye hacia la transformación, que ocurre solo cuando aceptas ser natural.

Sentirse culpable equivale a ser irreligioso. Es preciso acabar con el sentimiento de culpa.

Eres como Dios te ha hecho; la sexualidad no es una creación tuya, sino un don de Dios.

Vivamos a Dios

La meditación y la oración me llevan a dos planos diferentes: la primera me conduce a mi interior; no necesito rezar, no preciso consuelo, porque siento un gran regocijo, un éxtasis tan mágico que puedo bendecir al mundo. Todo es a través de mi propio ser. Con tu propio ser iluminas al mundo, porque tú eres maravilloso y tienes amor para todos. Orar rezando es más una recitación aprendida con la que es difícil alcanzar la iluminación. Es una suerte de patrón, seguido por instrucciones; repetir lo aprendido, sin a veces meditar lo que se dice.

La meditación, por el contrario, es hablar con el lenguaje del silencio del alma, una comunicación directa con el yo superior dentro del ser, sin seguir instrucciones de alguien más, solo de mi esencia, esa parte integral que reside en mí más allá de lo inexplicable. Es una forma maravillosa para entrar en contacto con la existencia. A través de ella, tú te conviertes en la existencia.

Vuela a Jaime

En uno de los pueblos donde yo viví en mi adolescencia vivía un hombre muy singular llamado Jaime, de quien se creía que padecía deficiencia mental. Su físico era poco atractivo para los estándares sociales: arrastraba su pie izquierdo al caminar y solía estar solo. A veces convivía con jóvenes, quienes hacían chistes a su espalda. Pero Jaime se destacaba por su carácter simple, noble y alegre, y finalmente, el poder de su sonrisa conquistó al pueblo. Si el papel que se le había impuesto era el de hacer reír a los demás, disfrutó cada chiste, idea, cuento o broma aunque se hicieran a partir de él. La gente que quería divertirse con su inocencia contribuyó con la felicidad de Jaime. «Vuela a Jaime» era una expresión que indicaba que se era demasiado inocente para aceptar los que se decía. Por otro lado, ponerme los pantalones de Jaime era creer lo que me decían, sea o no verdad. Era la expresión máxima de la inocencia y de la fe.

Imagínate si imitáramos su actitud: anteponer la inocencia natural a todo comentario, broma, opinión o incluso verdad, sonreír hasta de los malos chistes o de las cosas más serias. Este personaje fue para mí una gran lección. Disfruto al practicar su filosofía que no entiende de bueno ni de malo, solo experiencia y conocimientos adquiridos; tomar todo por el lado amable o positivo, y vivir un despego total de la opinión ajena.

Reflexión

Todos necesitamos reconocimiento y elogios. Sin embargo, la aprobación más importante proviene de mí mismo. Me agradezco por haber sido capaz de superar los momentos difíciles y disfrutar de los tranquilos.

¿De quién son mis pensamientos? ¿Serán del ego? ¿De aquellos de quien yo aprendí? Con el reencuentro de mi ser interior sigo mi intuición, me integro al amor y descubro que en el desapego de los pensamientos está mi fortaleza.

Locura colectiva

Es fascinante ser consciente y observar que vivo en un tiempo de locura colectiva: caras tristes, molestas, como si buscasen algo sin saber qué. Se percibe una necesidad invisible, pero al preguntar advierto que no son conscientes, ni siquiera lo saben. La conciencia colectiva está en evolución, dando ya un giro de 360 grados, es crucial el cambio y especial este 2012 para el renacimiento en Unidad, del corazón y del despertar individual y colectivo, muriendo lo viejo y naciendo lo nuevo; dualidad en trascendencia, rumbo a la no dualidad., de morir para que nazca una nueva conciencia. La mayoría dejó de creer, porque por décadas o generaciones se tuvo fe en mentiras que comienzan a desenmascararse. Surge, entonces, la depresión ante el vacío de buscar lo que no se ve, el misterio de la nada; hay risa, llanto, tristeza, alegría, deseo y falta de deseo. Solo es feliz quien acepta totalmente el presente en todas sus circunstancias (lo que el presente traiga consigo).

Hay soluciones de la A la Z, pero solo las toma quienes están listos y despiertos. Todos, en mayor o menos medida, padecemos una especie de locura despistada, pero solo quien es consciente de esto puede disfrutarla. Me imagino que se asemeja a vivir en un cuerpo que no es el propio, mientras se busca otro cuerpo sin saber cómo ni dónde está. Vivir penando en un mundo incierto, sin razón ni motivo, a la deriva, es una desolación colectiva, una guerra de egos. Esta lucha continua frena el desarrollo y la evolución, es una piedra

124

en la sociedad que impide recibir abundancia; se cierran las puertas de la prosperidad, se estanca el agua en vez de dejarla correr como una preciosa cascada. Experimentando la compasión, el amor, la aceptación de unos a otros nos apoya a todos. Abriendo nuestra mente, soltando lo viejo (creencias, pasado) y recibiendo lo nuevo (presente, aceptación) esto nos bendice a todos.

Recuerda: no son ustedes, yo soy. Veo el espejo de donde salí yo.

El poder de las palabras

Invito a observar nuestra palabra cada día. En algún momento a vemos personas que abusamos de las palabras negativas. «Así es también la palabra que sale de mi boca; no volverá a mí vacía, sino que hará lo que yo deseo y cumplirá con mis propósitos» (Isaías 55:11). Seamos conscientes de lo que hablamos: todo lo que somos se basa en nuestros pensamientos y en nuestras palabras.

Si el caballo conociera su poder, nunca sería domesticado; cuando lo amarramos con una pequeña soga se queda quieto porque no sabe que el lazo no es nada comparado con su fuerza. Del mismo modo, a veces no somos conscientes de nuestra grandeza, poder y fortaleza (no todos, hay quienes ya despertaron y lo viven conscientemente). Somos hechos a imagen y semejanza de un Creador, como nos recuerda el Génesis.

Si apreciáramos nuestra capacidad, viviríamos felices y en armonía, como Buda. Nuestros pensamientos enviados al Universo, que responde a nuestras órdenes. Lo mismo sucede con la palabra: si digo «no quiero batallar» estoy declarando lo contrario y, porque así lo pido, el Universo conspira para que luche. Está comprobado que decir que «no» no funciona en el subconsciente, y tampoco el Universo lo recibe, solo la frase, la orden completa. Si te pido que no pienses en el carro amarillo, lo que piensas es, precisamente, en un carro de ese color.

¿Cuántas veces en nuestra vida obtenemos lo que pedimos? Siempre, si cuidamos y observamos las palabras conscientes e inconscientes; el Universo concede lo que pedimos. Todos los problemas mundiales, personales, emocionales, colectivos y espirituales se resolverían con una vigilancia al poder de la palabra. Te invito a que hagamos conciencia, instruyendo a nuestros hijos pero empezando por nosotros a través del ejemplo; de este modo, encontrarán, responsablemente su propia iluminación en el camino de la vida evolucionando en amor.

Cuidemos lo que decimos y pensamos; somos responsables por lo que el Universo procede.

Reflexión

La culpa llega cuando te juzgas por alguna situación conflictiva. Es una carga pesada de llevar, es inútil y malsana; es ira y vergüenza, juicio y reproche.

Perdonémonos…

Mi agradecimiento eterno está dirigido a quienes siempre han estado ahí, en los buenos y no tan buenos momentos; los que han sido auténticos, conscientes y amorosos de que la Verdad se manifiesta siempre para el corazón despierto. Que la luz ilumine eternamente nuestro camino, que el amor sea nuestro guía para la manifestación del servicio al Plan Divino.

Doy gracias a todo, a todos los seres de luz que me están guiando desde el otro lado del velo, iluminándome con mensajes, sueños, palabras y pensamientos, y lo que las células y átomos recuerdan al leer algún libro, pues todo lo traemos grabado a través de nuestros antepasados, que han caminado los mismos caminos y vivido la misma vida, el mismo tiempo, o escrito sus experiencias, que son las mías. Gracias a los grandes maestros en esta nueva era, entre ellos, mis hijos e hijas, que me han hecho recordar en mi conciencia grandes y bellas lecciones y aprendizajes. Todos fuimos ya, somos ahora y seremos. Amo escribir; no lo hago por la necesidad de gloria, sino debido al profundo deseo de mi corazón de poner fin al dolor y al sufrimiento. Unión con Dios de lo que yo experimento.

Glosario

Conciencia: patrón común de la mentalidad humana. Hay diferentes estados:

1. El subconsciente: contiene las experiencias del pasado, arraigadas en la naturaleza interna del individuo.
2. El consciente: estado natural y perceptivo del ser humano.
3. El inconsciente: estado en que los sentidos del ser humano se desconectan de la realidad.
4. El supraconsciente: en metafísica, grado máximo de la superación del yo interno.

Meditación: procedimiento mediante el cual una persona intensifica su concentración para lograr un estado de iluminación, de éxtasis o los dos simultáneamente.

«El cuerpo etérico posee aproximadamente la misma extensión y forma que el cuerpo físico. Por ello también se encuentra la denominación de "doble etérico" o "cuerpo físico interior". Es el portador de las fuerzas modeladoras para el cuerpo físico, así como de la energía vital creadora y de todas las sensaciones físicas».

Agradecimientos y dedicatoria

Expreso mi gratitud a Dios y a todas las personas que hacen posible la preparación y publicación de este libro: Karla, Oriol y todo el equipo de apoyo de la editorial Palibrio.

A mi familia, por su paciencia, amor y apoyo durante la realización de esta obra. Doy gracias a todos, especialmente a mis hijos Karen, Kairo, Kevin y Karina, por ser una fuente de constante inspiración y mis mejores maestros. Los amo.

Karina, eres una sirenita mágica que salió de otro universo explorando los planetas y vino hasta mi vientre, donde naciste inocente, rebelde, maestra, mostrando que solo sigues tu intuición, tu corazón; lo demás ¿qué importa?

Eres observador pasivo, nada te perturba. Mueves tus emociones con hilos, como los maniquíes de los cines antiguos. Tú eres Reina, eres diosa. A veces sueño con sumergirme en el océano de tus mágicos ojos para saber qué miras, y también en tu corazón, para observar y sentir tus latidos cálidos y tibios. Amante de la naturaleza, callada, te presentas serena como brisa del cielo por la mañana, con tu frescura inmensa bañada de cielo, arcoíris y fragancias de jazmín y rosas. Gracias por mostrarme el mapa de la alquimia divina con tu sonrisa de niña color carmesí.

Kairo, piel de porcelana impecable, transparencia de tus ojos de luz de sol, en danza en un invierno colorido con sus copos de nieves perfectos, pasos de ángel sobre las nubes del jardín de todos los universos.

Mágicos detalles haces aparecer como mago de los gigantes, con tus manitas que crean Arte a cada instante. Sensible ante mis lágrimas y alegrías, alerta en el hilo plateado que nos une. Me muestras la pieza exacta del puzle.

Duende de luz que vienes de la luna, equilibrando la energía donde caminas flotando como un bello cisne.

Kevin, gracias por mostrarme la maestría y el riesgo del tirador de flecha.

Como David a Goliat, así derrumbas a maya, vuelas en castillos de diamantes en un planeta que flota más allá de la materia. Maestro, guía, gurú, tantas vidas vividas sin reclamos. Solo florece tu esencia, todo lo haces en amor y sonrisas como águila después de la renovación, fortaleza y victoria.

Bello espejo, frente a mí muestras con delicadeza cada detalle y me recuerdas que todo es perfecto, en mi universo de gratitud.

Karen, mensajera de amor y paz, unidad, guerrera pacífica. Vives desde el alma; eres un muro fuerte donde me apoyo cuando tambaleo. Tu armonía me sostiene con una mirada, maravillosa compañera y amiga, confidente, observador sin juicio, solo en amor. Niña-mujer, consciente y alerta, unes a la familia con preciosos hilos de colores, complementos del arcoíris, lazos que nunca se rompen. Siempre dispuesta, a cada instante me muestras y recuerdas, valiente, el laberinto de la victoria, con un perfecto matiz de inocencia que te caracteriza desde la eternidad. Mi hija de todos los tiempos, tu cálida sonrisa armoniza mi alma, tus bellos y místicos ojos son ventanas de otros universos que trascienden más allá de la existencia.

Resumen de libro

¡Mi despertar!

Un estado de conciencia de vivir despiertos en un ahora infinito, sin pasado ni futuro. ¡Solo el hoy!

Dado que soy el observador y el observado, invito al lector a realizar un análisis de conciencia para advertir hasta qué punto nos marcan o nos dañan las creencias o acuerdos que nos limitan en todo momento y circunstancia, evitando que estemos presentes por vivir en un pasado que pesa y mantienen al individuo en un estado «dormido».

Al expresar «no son ustedes, yo soy», asumo la responsabilidad de hablar de mí siempre, así como el lector define su propia interpretación de acuerdo con su verdad o sus creencias.

Es importante dejar de creer en los acuerdos (o romperlos) que permitimos que nos limiten y que nos causan un sufrimiento interno, individual, familiar o colectivo, de generación en generación, pues el dolor se hereda. La mayoría de las enfermedades entran cuando la persona no está presente en su cuerpo; si el amo no está en la casa, todo tipo de personajes (dogmas, creencias) sombríos se alojarán en ella

Cuando yo habito realmente en mi cuerpo, será difícil que los huéspedes indeseados entren (acuerdos que limitan, que es lo mismo que el pasado); pero si yo estoy despierta, elijo qué creo, qué practico, y experimento así una libertad de ser y de vivir hermosa, porque escucho la voz de mi alma…

Podemos cambiar estos conceptos sin culpa, sin miedo, sustituyéndolos por otros saludables, por elección propia y no porque alguien más lo dice. Así, cada uno experimenta su verdad y su cielo aquí en la Tierra. No soy dueña de la verdad, pero experimentando se llega a tu única respuesta.

Despiertos, alertas, presentes, responsables.

Así el lector es el observador como el observado, puede hacer su auto-descubrimiento. ¿Vivo lo que aprendí o lo que siento y realmente amo? ¿Soy consciente? ¿Vivo despierto? ¿comienzo a despertar? ¿en qué nivel me encuentro? ¿larva, oruga, o mariposa?

Oración

Ahora abro mi corazón y mis ojos disfrutando de todas las creaciones y viviendo en amor eterno con Dios en mí. Recuerdo ver el amor en todo, lo descubro donde quiera que voy con todos mis sentidos alertas: con los ojos, con los oídos, con el corazón, todos despiertos al amor. Lo percibo en cada célula de mi cuerpo, en cada emoción, en cada sueño, en cada flor, en cada persona. El amor está en todo y es uno conmigo. Yo soy consciente de esta verdad de mi poder para crear un sueño del cielo en el que todo es posible. Utilizo mi imaginación para que la magia de mi creación guíe el sueño de mi vida de vivir sin miedo, sin celos, sin enfado, sin envidia. Iluminada(o) sigo y permito que hoy suceda algo extraordinario que cambie mi vida para siempre, hoy que todo lo que elijo hacer y decir es una expresión de amor y de belleza que reside en mi corazón.

Creo una obra de arte de belleza y amor; hoy doy gracias por el amor que me ha dado la vida.

Hoy me acepto como yo soy, sin juzgarme. Me acepto así como yo soy con todas mis emociones y mis sueños, mi personalidad, mi manera de ser única. Hoy acepto mi cuerpo tal como es con toda su belleza y su perfección. Hoy el amor hacia mí misma/o es tan fuerte que nunca más me rechazo, nunca más saboteo mi felicidad, mi libertad y mi amor. De hoy en adelante, permito que cada acción, cada reacción, cada pensamiento y cada emoción se fundamenten en el amor; así aumenta el amor hacia mí misma/o hasta que todo el sueño de mi vida se transforma y el miedo es sustituido por el amor y el júbilo. Hoy rompo todas las mentiras, todos los acuerdos negativos, que fui programada/o a creer; hoy permito que el amor hacia mí sea fuerte y vivo mi vida sin las opiniones de otras personas, tomando yo mis decisiones por elección propia. Con este amor que siento por mí, eligo las responsabilidades de mi vida y las resuelvo y las vivo a medida que surgen. vivo la vida siendo yo, sin fingir que soy distinta/o solo por ser aceptada/o por otras personas.

Hoy, con este amor por mí misma/o, disfruto ver la imagen que veo cada vez que me miro al espejo. Dibujando la sonrisa de mi rostro que realza mi belleza interna y externa, ahora disfruto de mi presencia. Me amo sin juzgarme, me perdono en este momento, limpio mi mente del veneno emocional y vivo en amor y en paz. Teniendo así una bella relación conmigo misma/o y siendo libre de conflictos con los demás, hoy comparto mi tiempo con las personas que amo y perdono por cualquier injusticia que sienta. Perdono a toda persona que me haya herido en mi vida,y me perdono asi misma(o)por el daño que me cause por acuerdos negativos que segui,pensando que era lo correcto. Hoy tengo el valor de amar a mi familia y a mis amigos incondicionalmente, cambiando mis relaciones de la manera más positiva y amorosa posible. Hoy mi relación con mi familia y amigos se fundamenta en el respeto y la alegría. Creo nuevos canales de comunicación con el fin de que nunca más exista un ganador ni un perdedor, trabajando unidos en equipo, para el amor, la dicha y la armonía. Hoy comparto con mi pareja (si la hay) una relación romántica y maravillosa donde la dicha está en compartir. Acepto a los demás como son, sin juicios, porque cuando los rechazo me rechazo a mí.

Hoy es el día de un nuevo comienzo. Abro mi corazón al amor que me corresponde por derecho de nacimiento, vivo en gratitud y generosidad.

Somos seres en proceso, somos seres en camino, viaje". Somos creatividad desplegandose, aventura, capullo en transformacion" metamorfosis y para que nos broten las alas de mariposa hemos de desgajar o soltar" primero nuestro capullo de oruga, asi como la semilla ha de sacrificarse para formar una planta, asi aprendemos a caminar, dejando algo valioso a cada paso. y para volver a nacer seamos pacientes y amorosos aseptando este reto este cambio, porque cuando somos luz nos hemos cobertido en mariposa.

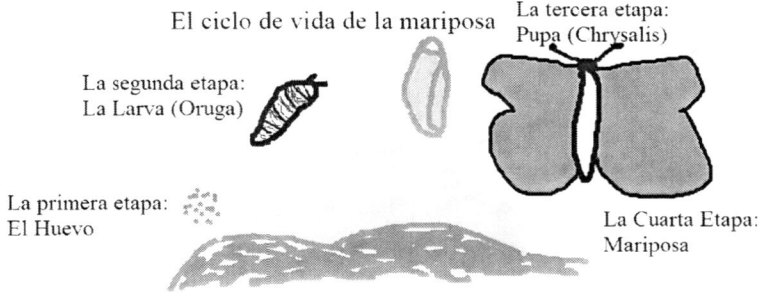

El ciclo de vida de la mariposa

La tercera etapa: Pupa (Chrysalis)

La segunda etapa: La Larva (Oruga)

La primera etapa: El Huevo

La Cuarta Etapa: Mariposa

Biografía de la autora

Mi madre nació en Santiago Papasquiaro, Durango, y creció en un pequeño pueblo de nombre «Martínez». Una madre perfecta, mentora, gurú, maestra, artista, creativa... estas son solo algunas de las tantas facetas que describen a Betty Ibarra, una persona única, llena de grandes sueños, de vida, de amor, de humildad, de pasión y energía positiva.

parte de una familia de seis hermanos Siendo la mayor,

Ahora Madre de cuatro hijos –Kevin, Kairo, Karina y Karen de siete, ocho, quince y diecinueve años respectivamente–, su prioridad son Dios y su familia.

Para ella nada es imposible, a todo le ve el lado positivo, aun en las situaciones difíciles. Siempre la recuerdo con una bella sonrisa. Es sencilla, dinámica y las personas la procuran por su carisma, por su entusiasmo y por su forma única de apreciar la vida en cualquier circunstancia.

Ella siempre me ha motivado y me ha enseñando a ver que todo es perfecto en la existencia y a vivir en gratitud. Mi madre es mi ejemplo y la razón por la que he evolucionado como persona espiritualmente. Desde que recuerdo, me ha mostrado una hermosa espiritualidad. Es mi guía; siempre le agradezco a Dios por darme un regalo de amor tan precioso como ella.

Desde niña hasta el día de hoy, ella siempre ha sido apasionada de Dios, de la escritura, de la lectura, de la meditación y de su familia, lo que ella considera su alimento espiritual.

Su hija,
Karen Carrasco

CPSIA information can be obtained at www.ICGtesting.com
Printed in the USA
LVOW132007200313

325266LV00003B/7/P